Reinhardt Möllmann

STURM AUF DIE WALLONIE

1914 – DIE ERSTEN TAGE AN DER FRONT

EK-2 MILITÄR

Verpassen Sie keine Neuerscheinung mehr!

Tragen Sie sich in den Newsletter von *EK-2 Militär* ein, um über aktuelle Angebote und Neuerscheinungen informiert zu werden und an exklusiven Leser-Aktionen teilzunehmen.

Oder besuchen Sie unsere Website:
www.ek2-publishing.com

Als besonderes Dankeschön erhalten Sie **kostenlos** das E-Book »Die Weltenkrieg Saga« von Tom Zola.

Deutsche Panzertechnik trifft außerirdischen Zorn in diesem fesselnden Action-Spektakel!

Ihre Zufriedenheit ist unser Ziel!

Liebe Leser, liebe Leserinnen,

zunächst möchten wir uns herzlich bei Ihnen dafür bedanken, dass Sie dieses Buch erworben haben. Wir sind ein kleines Familienunternehmen aus Duisburg und freuen uns riesig über jeden einzelnen Verkauf!

Mit unserem Label *EK-2 Militär* möchten wir militärische und militärgeschichtliche Themen sichtbarer machen und Leserinnen und Leser begeistern.

Vor allem aber möchten wir, dass jedes unserer Bücher **Ihnen ein einzigartiges und erfreuliches Leseerlebnis** bietet. Daher liegt uns Ihre Meinung ganz besonders am Herzen!

Wir freuen uns über Ihr Feedback zu unserem Buch. Haben Sie Anmerkungen? Kritik? Bitte lassen Sie es uns wissen. Ihre Rückmeldung ist wertvoll für uns, damit wir in Zukunft noch bessere Bücher für Sie machen können.

Schreiben Sie uns: info@ek2-publishing.com

Nun wünschen wir Ihnen ein angenehmes Leseerlebnis!

Moni, Jill & Heiko von EK-2 Publishing

Erster Teil

»Das schmeißt unser ganzes Vorhaben über den Haufen«, flüsterte Alexander Winghausen, der von seinen Kameraden nur *Alex* genannt wurde.

»Still jetzt!«, zischelte Franz Gardenier. »Wenn uns der Herr Feldwebel hört, ist es um uns geschehen!« Doch Alex mochte Recht haben. Unweigerlich begannen die Zahnrädchen hinter der Stirn von Franz zu rotieren, ratterte sein Verstand wie eine gut geölte Maschine, rechnete er alles abermals durch. Die Ereignisse hatten sich in den letzten Wochen, den letzten Tagen derart überschlagen, dass er noch gar keine Zeit gehabt hatte, zu überdenken, wie sich der Krieg auf ihr großes Vorhaben auswirken würde.

Schellend klang das Spiel der Musikkapelle, die draußen vor der Gelben Kaserne den *Präsentiermarsch Friedrich Wilhelms III.* schmetterte. Der nackte Stein des Torbogens reflektierte den Schall. Kompagnie um Kompagnie marschierte aus der Liegenschaft, das 1. Rheinische Lützow-Regiment Nr. 25 rückte mit Mann und Maus aus. Und in ebendiesem Augenblick durchschritten die 250 Mann der 6. Kompagnie, II. Bataillon, in Reih und Glied den Torbogen. Das war jene Kompagnie, in der auch die Musketiere Gardenier und Winghausen ihren Dienst versahen. Nebeneinander durchquerten sie den steinernen Bogen, der sich über sie spannte.

Vor der Kaserne hatten die Hoboisten alle Mühe, die Jubelstürme der herbeieilenden Menschen zu übertönen. So vermengte sich ihr klingendes Spiel mit den Rufen begeisterter Aachener, Männer wie Frauen, die zu Tausenden aus der ganzen Stadt herbeieilten, um ihr Regiment in den Krieg zu verabschieden. Die Stadt glich seit Tagen schon einem einzigen Heerlager, Feldgraue aus dem gesamten Reichsgebiet hatten Schulen und andere Gebäude der öffentlichen Hand in Beschlag genommen. An diesem Morgen setzten sich die versammelten Truppen in Bewegung, so auch das Regiment Nr. 25. Dessen Soldaten, Franz, Alex und mit ihnen einige tausend Kameraden, marschierten über einen Teppich aus Blüten, bahnten sich ihren Weg durch Heerscharen von Schaulustigen, die den Ausmarsch stürmisch feierten. Die freudetrunkene Stimmung im Volke wie unter den Soldaten – genährt durch Menschen, die ihren Geltungsdrang an den Meldungen der vergangenen Tage und Wochen mästeten; die, im Freudentaumel begriffen, im Rausch gar, die Kundmachungen von der Generalmobilisierung, vom feigen Angriff auf Deutschland, vom Krieg, um dem *Franzmann* endlich eins auf die Schnauze zu geben, dionysisch aufgenommen hatten – konnte doch nicht darüber hinwegtäuschen, dass es dieser Tage auch andere Bilder im Deutschen Kaiserreich gab: Bürger, die Lebensmittel horteten; Bauern, die sich weigerten, ihre Ernte herauszugeben; Kunden, die die Sparkassen stürmten, um ihre Konten leerzuräumen – Auszahlung möglichst in Hartgeld.

Es war der Morgen des 4. August 1914, der Stundenzeiger näherte sich der 8. In einer kurzen Ansprache an die Soldaten hatte Regimentskommandeur Oberst von Strantz die Losung ausgegeben: Frankreich und England haben das Vaterland in einem feigen Vorstoß angegriffen, der Kaiser habe daraufhin entschieden, mit einem Stoß durch Belgien den französischen Streitkräften zuvorzukommen. Die Belgier hätten die Bitte des Kaisers um Durchmarsch ausgeschlagen und sich somit zum Feinde aller Deutschen erklärt. Das Regiment Lützow werde dazu die rund sieben Kilometer zum Vierländereck zurücklegen, dort die Grenze nach Belgien überschreiten und gegen Visé an der Maas mar-

schieren. Anschließend werde es im Verbund
mit den übrigen Einheiten der Brigade die Festungen im Lütticher Raum erstürmen.
Die 6. Kompagnie verließ im Gleichschritt die
Gelbe Kaserne und tauchte ein in das Bad der
Menge. Franz und Alex, den schweren Tornister
auf dem Rücken, das Gewehr 98 geschultert,
marschierten inmitten der Kolonne ihrer Einheit,
hinein in das bunte Treiben. Die Pickelhaube
baumelte am Sturmgepäck, statt ihrer trugen sie
die schirmlose Mütze – *Krätzchen* genannt.
»Mensch, ist das eine Gaudi!«, staunte Franz
beim Anblick der bunten Deutschland- und Preu-
ßenfahnen, die zu Hunderten aus dem Meer der
Schaulustigen emporragten. »Das hält ja kein
Mensch im Kopf aus.«
Der wolkenlose Himmel kündigte einen weiteren heißen Sommertag an, schon jetzt brannte
die Sonne auf das Rheinland hernieder. Die Hitze stand still, verwandelte die Luft in einen trä-
gen Brei, der alle atmenden Geschöpfe zu ersti-
cken suchte. Franz keuchte, schwitzte zudem
unter seiner Uniform, dabei war er noch keine
500 Meter marschiert. Die Unterwäsche klebte
an seinem Körper, Schweißperlen rollten ihm
über die Wangen. Menschen – Weiber – dräng-
ten sich an die wie ein Messer durch die Menge
schneidenden Soldaten heran, reichten Blumen,
Eichenlaub und Wangenküsse.
»Das glaubt mir später kein Mensch!«, lachte
Alex, der sich außen in der Formation befand,
und dem eine blonde Schönheit jubelnd eine
Flammenblume ans Revers steckte, ehe sie ihre
Lippen auf sein Kinn aufdrückte.
Freilich, die Marschmusik brachte auch Franz
in Wallung, verstärkte den Drang in ihm, die ver-
letzte deutsche Ehre gegen die Belgier und
Franzosen wiederherzustellen. Und die unzähli-
gen Menschen auf der Straße, die den Aus-
marsch des Regiments mit Begeisterungsstür-

men begleiteten, pulverten sein junges Herz weiter auf, welches sich nach einem Messen unter ganzen Kerlen, nach einem Kampf als ausdruckstärkste Form der Männlichkeit, sehnte. Nun, die Preußische Armee, die gemäß Artikel 63, Absatz 1, der Reichsverfassung aufgrund des ausgebrochenen Krieges zusammen mit den anderen Landesarmeen nun im gesamtdeutschen Heer unter der Befehlsgewalt des Kaisers aufging, schien gewillt zu sein, ihm diesen Wunsch zu erfüllen.

Franz schaute sich um. Es waren nicht nur junge Menschen unter den Schaulustigen, die ja leicht zu beeinflussen und zu verblenden waren, sondern auch viele Ältere; Alte gar, Veteranen aus dem Deutsch-Französischen vielleicht. Sie alle konnten doch nicht irren … tausend Menschen konnten nicht irren, vor allem die Alten nicht, die so viel schon gesehen hatten und über einen immensen Erfahrungsschatz verfügten. Wenn selbst sie den Krieg gegen Frankreich befürworteten, musste es sich um eine gerechte Sache handeln.

Franz legt den Kopf in den Nacken, blinzelt gegen die Sonne, sah Männer und Frauen an den geöffneten Fenstern stehen und freudig strahlend mit Taschentüchern winken. Selbst die Militärschneider, die dieser Tage alle Hände voll zu tun hatten, um Uniformen für die Freiwilligen zu fertigen, streckten ihren Kopf aus den oberen Fenstern der Gelben Kaserne, diesem Prunkbau wilhelminischer Barockarchitektur. Sie pfiffen und riefen ihren Kameraden nach, die auszogen, um auch ihre Ehre zu verteidigen.

»Du alter Hund«, feixte Franz verkniffen, neidisch auf den Kuss, den sein Freund ergattert hatte. Franz und Alex waren unzertrennlich, seit ihrer Zeit in der Burschenvolksschule schon. Danach hatten sie gemeinsam eine Lehre im gro-

ßen Fleischereibetrieb auf der Wirichsbongardstraße begonnen.

Der Marsch bis zur Grenze, bis zum Vierländereck, wo das Deutsche Reich, die Niederlande,
Belgien und Neutral-Moresnet einander berühr-
ten, würde wohl eine Stunde in Anspruch nehmen. Meter um Meter schritten die 3.000 Soldaten des Regiments durch die Menge, einem tau-
sendköpfigen Wurm gleich schoben sie sich am
Rande Aachens entlang, umringt und verfolgt
von bunten Zivilisten, von schwärmenden Mädchen, von stolzen Alten, von betrübten Jünglin-
gen, die selbst zu jung für den Waffengang waren und fürchteten, Frankreich würde längst be-
siegt sein, wenn die Armee sie endlich aufneh-
men würde. Mit festem Schritt marschierte das
Regiment in den Krieg, 3.000 Mann im Gleichschritt, dass die Erde erzitterte und es sich an-
fühlte, als wäre eine Herde Elefanten aus dem
Zoo ausgebüxt und liefe nun randalierend durch
die Stadt. Die prächtigen Waffenröcke brillierten
im strahlenden Sonnenschein, die Stimmung
war ausgelassen, die Männer lächelten, sahen
dem Kräftemessen mit dem Gegner freudig entgegen.

Sieben Kilometer lagen vor ihnen, sieben Kilometer bis zur Ungewissheit. Ruhm und Mannhaftigkeit waren das, was die Soldaten hinter der
belgischen Grenze vermuteten; was nur darauf
wartete, sich ihnen anzuhaften.

Während das Regiment seinen Marsch an den
Randbezirken Aachens entlang vollzog, während sich der Trubel allmählich legte und die
Schaulustigen nach Hause zurückkehrten, fand
Franz Zeit zum Nachdenken … fand er Zeit, sich
dieser anderen Sache zu widmen, sie noch einmal durchzurechnen. Franz war das helle Köpf-
chen des Duos Gardenier-Winghausen; er war
jemand, dem der Herrgott die Schläue in die
Wiege gelegt hatte und der flott darin war, die

Dinge zu durchschauen. Alex war eher der Macher; jemand, der bereit war, Risiken einzugehen, der auch mal forsch vorging, der lautstark für seine Sache warb. Auch deshalb waren die beiden zusammen unschlagbar, weil sie mit ihren Fähigkeiten so unterschiedliche Felder abdeckten. Es war damals der 18-jährige Alex gewesen, der, noch feucht hinter den Ohren, in der Wirichsbongardstraße die Stimme gegen die unmenschlichen Arbeitsbedingungen und die wie Sklaventreiber auftretenden Vorarbeiter erhoben hatte. Elf-Stunden-Schichten hatten Franz und Alex knüppeln müssen, ohne Pause, sieben Tage die Woche. Alex hatte es eines Tages mit den Vorarbeitern aufgenommen. Hatte sich gewehrt. Hatte zwei von ihnen blutig geschlagen, als diese ihm Prügel angedroht hatten. Als sich ein Dritter auf Alex gestürzt hatte, hatte Franz eingegriffen. Sie hatten für ihr Recht, für ihre Freiheit gekämpft. Sie waren selbstredend entlassen worden, doch hatte sie dies nur darin bestärkt, ihren lange gehegten Traum endlich anzugehen. Es war Franz gewesen, der die Idee gehabt hatte, sich zum Militär zu melden, sich dann Monat für Monat etwas vom Sold abzusparen, um so schließlich die Finanzierung ihres Vorhabens zu ermöglichen. Nun war ihnen der Krieg in die Quere gekommen – freilich, als Deutsche war es auch ihr Anliegen, die Differenzen mit Frankreich, England und Russland auf dem Schlachtfeld auszutragen – doch verzögerte der Krieg ihr Vorhaben … würfelte er ihren über Monate hinweg gestrickten Zeitplan durcheinander.

Oberst von Strantz hatte von sechs Wochen gesprochen, ehe das deutsche Heer Paris erobert haben würde. Die deutsche Militärmacht musste schnell und hart zuschlagen, sodass dem Gegner Hören und Sehen vergehen würde. *Sechs Wochen!* Das war doch ein überschaubarer Zeitraum. Franz gelangte zu der Überzeugung, dass sie ihr Vorhaben wie geplant Anfang nächsten Jahres in die Tat würden umsetzen können.

»Kannst du das glauben?«, fragte Alex, als hätte er die Gedanken seines Freundes erraten. »In sechs Wochen Paris?«

»Ja«, antwortete Franz. Seine Augen leuchteten.

»Wie man so hört, sind die Französinnen auch nicht zu verachten«, sagte Alex und musste niesen. Die trockene Augustluft setzte seinen Atemwegen zu. Er nieste erneut. Franz reichte ihm sein weißes Stofftaschentuch, das ihm Mutter genäht hatte. Hatte sie trübe Augen gehabt, als sich Franz von ihr verabschiedet hatte! Glücklich jedenfalls hatte sie nicht ausgesehen, dabei würde ihr Franzi dem Familiennamen doch alle Ehre machen; würde er sich nicht daheim verstecken, wenn das Vaterland nach ihm rief!

»Danke«, sagte Alex mit nasalem Klang und schnäuzte ins Tuch.

Unter den scharfen Kommandos der Offiziere und Portepees marschierte das Regiment der belgischen Grenze entgegen, trabten die Soldaten zu dritt nebeneinander, in einer schier endlosen Kolonne ihren Führern hinterher. Hätten sie keine Gewehre bei sich, man hätte bei ihrem Anblick glauben können, es handelte sich um eine Gruppe von Wanderern, die das Aachener Umland erkundeten. Die Sonne kletterte höher und höher, überzog das Rheinland mit einem goldgelben Schimmer. Die Soldaten verengten die Augen zu Schlitzen. Und sahen kaum, wohin sie schritten.

Zweiter Teil

Auf dem gesamten Kontinent waren die schwerfälligen Militärmaschinerien in Bewegung geraten, formierten die großen Nationen ihre Divisionen zu Armeen, befanden sich mit schwerem Gerät und Tausenden Männern beladene Eisenbahnen auf dem Weg zu den Grenzen, schickte sich das Deutsche Reich an, den kleinen Nachbarn Belgien zu überrollen wie eine Lokomotive einen morschen, auf dem Schienenstrang querliegenden Ast. All das versetzte jeden Europäer zwischen Toulouse und Moskau, zwischen Glasgow und Messina in Atemlosigkeit. Für Franz und Alex hingegen bestand die Welt aus nicht mehr als dem Nacken ihrer Vordermänner, dem über die Schulter hinausragenden Gewehrkolben, dem auf dem Schopf sitzenden Krätzchen, gegen das sie beständig starrten und dessen Auf und Ab im Takt des Schritts eine Eintönigkeit sondergleichen bedeutete. Der Offizierstellvertreter war ein großgewachsener Preuße aus Krefeld, der einen schlohweißen Spitzbart trug und um dessen Augen sich tiefe Falten gebildet hatten. Er stimmte schließlich Marschmusik an, um die Männer nicht der Schläfrigkeit anheimfallen zu lassen. So sangen sie aus rauer Kehle *Heil dir im Siegerkranz, das Preußenlied* und *Die beiden Grenadiere* – grölten sie die Liedtexte, möchte man meinen, brüllten ihr Glück darüber, in die Schlacht ziehen zu dürfen, in die Welt hinaus.

Gegen 9 Uhr ereignete sich die erste Begegnung zwischen dem 1. Rheinischen Lützow-Regiment und dem Gegner, doch Franz und Alex, gefangen in der Mitte der langen Kolonne, die von den Randbezirken Aachens bis ans Vierländereck heranreichte und die sich quälend langsam auf Belgien zuschob, bekamen nicht mit, was sich vorne abspielte, an der Spitze des Regiments; welch kuriose Szene dort ihren Lauf nahm:

Oberst von Strantz, ein stolzer, breiter, wohl
gepflegter Schnauzer zierte seine Oberlippe, ritt
den Männern voran, wie der Gruppenführer einer Pfadfinderabteilung führte er sie an das Vierländereck heran. Er geleitete sie über einen
Trampelpfad durch den Wald, der lange, tau-
sendköpfige Wurm, aus dem die Schulterstützen
des Gewehrs 98 hervorstachen, kroch ihm hinterher, auf den Vaalserberg hinauf. Die Männer
stöhnten nun, ächzten; Tornister, Sturmgepäck
und Gewehr inklusive Munition für zwei Kampf-
tage plus Granaten ergaben ein ordentliches
Gewicht, das die tapferen Preußen auf mehr als
300 Meter Höhe wuchten mussten.
Auf dem Gipfel markierten Grenzsteine jene
Linie, auf der das Deutsche Reich endete. Zwischen ebendiesen Steinen befand sich ein ein-
zelner belgischer Zollbeamter in seiner schillern-
den Uniform. Er stand da an der Grenze, auf-
passend, dass sich niemand vom einen in das
andere Land stahl, ohne seine Abgabe zu ent-
richten, und sah sich plötzlich mit 3.000 deutschen Soldaten konfrontiert, die sicherlich nicht
gekommen waren, um Waren zu verzollen. Seine Augen wurden groß und größer, der Spitzbart
zitterte, die Hand wanderte an die Pistolenta-
sche, doch verbot ihm sein Verstand, die Lasche
zu öffnen. Ob er darüber in Kenntnis gesetzt
worden war, dass seine Regierung die deutsche
Forderung auf freie Passage abgelehnt hatte?
»Vous êtes en Belgique!«, rief er den Deutschen entgegen. »Ihr seid in Belgien!« Die Soldaten aber wussten dies, und Oberst von
Strantz machte dem armen Mann in gebroche-
nem Französisch deutlich, was er zu erwarten
hatte, sollte er eine Dummheit versuchen. So
trat der Belgier völlig verdattert zur Seite und
ließ die Deutschen passieren. Musste sie passieren lassen. 3.000 Mann schritten keuchend,
grinsend, frohgemut an ihm vorüber, unter ihnen

irgendwann auch Franz und Alex, die ihn mit halb staunenden, halb schadenfrohen Blicken bedachten.

»Ihr müsst den Feind hassen!«, hatte ihnen der Offizierstellvertreter, der ein übler Schinder war, am Vorabend noch eingebläut, in weiser Vorrausicht auf die Ereignisse, die ihre Schatten vorauswarfen. »Ihr müsst ihn mit jeder Zelle eures Körpers hassen, nur dann könnt ihr tun, was Kaiser und Vaterland euch abverlangen werden! Der Franzmann und der Tommy haben uns den Krieg erklärt und einen Angriff auf unsere Souveränität vorgetragen, und die Belgier decken dieses unfeine Verhalten! Da kann die Antwort nur roher Hass und absolute Brutalität sein! Danket dem Herrgott, in diesen glorreichen Zeiten leben zu dürfen, wo unsere Nation die Differenzen mit den Franzosen und Engländern im entschlossenen Kampf lösen wird und wo euch die Gelegenheit zuteilwird, sich an diesem Messen zu beteiligen. Der vor uns liegende Feldzug wird das größte Ereignis in unser aller Leben sein, es ist dies die Sternstunde deutschen Patriotismus, die jedem Deutschen das Herz aufgehen lässt. Die Soldaten ziehen aus, Gerechtigkeit herzustellen, und das kleine *ich* geht auf im großen *wir*.« Mahnend hatte er den Zeigefinger gehoben, hatte sein eisenharter Blick die angetretenen Reihen von Musketieren und Reservisten durchwandert, manche von ihnen waren mehr Kinder als Erwachsene. »Denkt aber an eines: Wenn ihr diesen Krieg verliert, hasst ihr euer Vaterland. Tut ihr das etwa?«

Die Frage war rhetorischer Natur, und die angetretenen Landser hatten ihm mit geschwellter Brust ein klares und lautes »Nein, Herr Feldwebel« entgegen gebrüllt. Danach hatte es ein für Soldatenverhältnisse ganz und gar üppiges Abendmahl gegeben. Weiße Bohnen mit Rindfleisch, dazu Schwarzbrot, Wurst, Speck, eingelegte Eier, Käse. Die zumeist jungen Soldaten waren sich vorgekommen wie ein König, hatten sich den Bauch vollgeschlagen und waren danach satt ins Bett gefallen.

Franz drehte den Kopf, warf noch einen flüchtigen Blick auf den belgischen Zollbeamten, dessen altes Gesicht in Falten zu versinken drohte. So sehr er sich auch anstrengte, er fand nichts Hassenswertes an ihm, mehr noch unterschied sich der Belgier seiner Meinung nach optisch nicht von einem Deutschen. Doch da musste etwas sein, dass es lohnte, ihn zu hassen, sonst hätte der Kaiser in seinem Ratschluss nicht den Krieg gegen Belgien befohlen. Mit klitzekleinen Mauseaugen schaute sich Franz nach seinen Kameraden um, beäugte sie, prüfte ängstlich, ob sie ihn bei derartig unpatriotischen Gedankengängen ertappt hatten. Dies schien nicht der Fall – ein Glück! Alex wandte ihm schließlich sein weiches Gesicht zu. Und Franz konnte seinem Freund ansehen, dass ihn ähnliche Gedanken umtrieben. Sie schwiegen, kommunizierten allein mit den Augen.

Der Zollbeamte, ein älteres Semester, der möglicherweise nur wenige Jahre von der Pensionierung entfernt war, blickte den in sein Land eindringenden Soldaten traurig nach. Vielleicht ahnte er, was Belgien, was Europa, was der Welt bevorstand.

So endete das erste Aufeinandertreffen zwischen Belgiern und Deutschen ohne Blutvergießen. In bester Manier eines Sonntagsnachmittagsspaziergangs folgten die Männer des Lützow-Regiments jener befestigten Straße, die parallel zur niederländischen Grenze die Wallonie durchschnitt und über Gemmenich, Obsinnich, De Plank, Schophem, Voeren nach Visé an der Maas führte. Singvögel sammelten sich auf den Ästen und zwitscherten vergnügt, Spatzen pickten am Boden nach Insekten. Die Sonne brannte mittlerweile in fürchterlicher Intensität auf die Wallonische Region hernieder, als versuchte sie, allein durch ihre Strahlkraft das trockene, unter der Hitze ächzende Land in Brand zu stecken. Die Offiziere schienen keine Pausen zu kennen, sie zwangen die Männer im Gewaltmarsch tiefer nach Belgien hinein. Trinken war verboten, rauchen ebenso. Franz' Mundraum verschleimte zunehmend, er wünschte sich einen Schluck Wasser herbei, einen Tropfen nur. In seiner Feldflasche plätscherte es einladend. Franz schluckte einen dicken Kloß runter.

Von den Belgiern fehlte jede Spur. Hin und wieder traf das Regiment auf improvisierte, verlassene Straßensperren, die mit geringem Aufwand umgangen werden konnten. Einer der Offiziere baute schließlich seine Kamera am Wegesrand auf und fertigte Fotografien von den vorbeimarschierenden Soldaten an.

»Lächelt in die Linse, ihr treuen Wehrmänner!«, rief er der 6. Kompagnie zu. Franz und Alex schauten in das Objektiv des großen Apparates, das sie wie ein Maschinenauge anstarrte und das den Offizier dahinter fast vollständig verdeckte. »Guckt nicht wie die Ochsen!«, forderte dieser. »Zeigt mir das Gesicht des stolzen Deutschen, der auszieht, sein Land zu verteidigen! Nein, doch, nicht so gequält!«

Alex setzte ein breites Feixen auf, Franz aber tat sich schwer. Die Sonne blendete ihn, die Füße in seinen Knobelbechern begannen zu drücken. Blasen kündigten sich an. Er rang sich ein schiefes Grinsen ab und fragte sich insgeheim, wann sie den ersten Halt einlegen würden – und vor allem: wann sie endlich auf den Gegner treffen würden. Bis dato jedenfalls fühlte sich dieser Feldzug mitnichten wie ein Krieg an.

»Mensch, immer nur laufen!«, meckerte Alex heimlich und bewies damit wieder einmal, dass er und Franz auf einer Wellenlänge lagen. »Ich bin doch kein Maultier!«

»Ich habe gehört, die Praliné-Soldaten haben ihre Schanzen hinter Gemmenich errichtet«, flüsterte Winfried Schneider von hinten, ein 30-jähriger Reservist und gelernter Nähmaschinennadelschleifer aus dem Kölner Umland, der eine entsprechend herzliche, aber direkte Mundart pflegte.

»Dann wird ja bald etwas passieren!«, freute sich Franz, des Marschierens überdrüssig. Je schneller sie die Belgier überrollen würden, je schneller sie nach Frankreich hineinstoßen würden, desto eher würden sie in Paris die Füße hochlegen können.

»Schweigt!«, fuhr sie der Offizierstellvertreter harsch an, sodass Speichelfäden zwischen seinen Lippen hervorspritzten. »Spart euch den Atem für den Feind!«

Die meisten Musketiere und Reservisten, so auch Franz und Alex, machten sich keine Vorstellung von den geografischen Ausmaßen der angelaufenen Operation. Um von Gemmenich nach Visé zu gelangen, musste ein Fußmarsch von mehr als 20 Kilometern bewältigt werden, und auch wenn sie als Infanteristen das Marschieren gewohnt waren, auch wenn sie während der Ausbildung bereits das ganze Rheinland mit ihren Füßen durchmessen hatten, konnten sie sich Besseres vorstellen. So begann das stille Jammern, das Herbeiwünschen einer Pause oder eines Gefechtes, um die drückenden Zehen zu entlasten. Zunächst aber zog das Regiment durch Gemmenich, Kompagnie um Kompagnie, bis auch Franz und Alex den Ort durchschritten, die Gewehre schussbereit.

Backsteinhäuser taten sich am Straßenrand auf; Giebeldächer, hohe Decken, große Fenster – Häuser, wie sie auch in den Dörfern des Rheinlandes anzutreffen waren. Wo es Läden vor den Fenstern gab, waren diese verschlossen, sämtliche Vorhänge zugezogen. Kein Mensch befand sich auf der Straße. Selbst die Backstube und die Werkstatt des Dorfschmieds waren verlassen. Das Geschrei eines Säuglings durchdrang dumpf das Mauerwerk eines Hauses. Es zog durch das Dörfchen, das geisterhaft dalag, und verlieh ihm eine ganz und gar alptraumhafte Atmosphäre. Sie waren also doch hier, die Belgier. Franz stellten sich die Nackenhaare auf, unsicher schaute er sich um, stocherte sein Blick in den Fenstern mit den zugezogenen Gardinen herum.

Sie waren hier. Die Belgier. Lauerten. Auf die Gelegenheit, zuzuschlagen.

»Augen und Ohren offenhalten!«, rief der Offizierstellvertreter, die Parabellumpistole gezückt. Er suchte aus zusammengekniffenen Augen misstrauisch die Gebäudefassaden ab. Seine Kiefer mahlten wie in Zeitlupe, die Zunge schob den Kautabak von der rechten auf die linke Seite.

Franz' Finger klammerten sich an sein Gewehr, an das von der Sonne aufgewärmte Holz. Der metallene Lauf hatte sich bereits derart erhitzt, dass er ihn kaum mehr anfassen konnte. Ihm war bewusst, was ihn hier erwarten konnte. Hier in Gemmenich, in Belgien.

Im Feindesland.

»Franktireure«, wisperte er ehrfürchtig, als spräche er den Namen eines schlimmen Fluches aus. Alex nickte vorsichtig.

Bereits am Vortage hatte der Offizierstellvertreter den Männern noch einmal eingeschärft, auf was sie sich in Belgien und Frankreich einzustellen hatten: »Der Gegner schreckt in seiner Niedertracht nicht davor zurück, Zivilisten gegen uns aufzuhetzen! Er stattet gar Weiber und Blagen mit Gewehren aus, und trichtert ihnen ein, wir seien Barbaren, vor denen sie sich fürchten müssen. Rechnet mit Freischützen hinter jeder Hausecke, in jedem Gesträuch. Sie werden auf uns lauern und uns aus dem Hinterhalt überfallen, weil ihnen eingebläut worden ist, uns zu hassen. Habt kein Pardon mit ihnen! Alte Männer mit Jagdbüchsen, verwirrte Weibsbilder und Jünglinge, die kaum ein Gewehr halten können, aber schon Soldat sein wollen, trachten uns nach dem Leben. Und sie führen keinen offenen, ehrenvollen Kampf, sondern fallen uns in den Rücken, suchen uns hinterhältig abzumurksen. Kein Pardon, sage ich! Wir zahlen es ihnen mit gleicher Münze heim. Denkt an die Worte des Obersten: Wer nicht für uns ist, ist gegen uns! Und wer sich dem deutschen Soldaten erwehrt, der hat sein Leben verwirkt! Kein Pardon!«

Nun suchte Franz die Fenster ab, wagte es nicht einmal mehr zu blinzeln. Da! War das nicht ein Augenpaar, das kurz hinter dem Stoff hervorgelugt hatte? Franz erschrak, der Vorhang wackelte leicht. Sollte er das melden? Er blickte nach vorn, vorbei an den Kameraden, deren scharfer Körpergeruch ihm in die Nase stieg. Er sah den Offizierstellvertreter breitbeinig neben den Männern hermarschieren. Und entschied sich gegen die Meldung. Es war vermutlich doch nur eine alte Dame gewesen, die zitternd in ihrer Wohnung harrte. Oder?

Das Regiment marschierte durch Gemmenich, ohne auf die gefürchteten Franktireure zu stoßen, und passierte weitere Dörfchen, ohne dass etwas geschah. Von den Belgiern fehlte jede Spur, jedoch zeugten weitere, hastig errichtete Straßensperren aus mit Stacheldraht umwickelten Baumstämmen davon, dass sie durchaus mit den Deutschen rechneten. Die Sperren aber wurden abermals nicht überwacht, die Infanteristen konnten sie gefahrlos umgehen.

Irgendwann befahlen die Offiziere eine kurze Rast im Stehen. Das Rauchen und Trinken war gestattet, niemand aber durfte sich setzen und erst recht durfte niemand die Stiefel ausziehen.

Franz und Alex tuschelten miteinander, nachdem sie sich über ihre Feldflaschen hergemacht hatten. Wenn es um ihr Vorhaben ging, waren sie eigen und wollten nicht, dass jemand davon Wind bekam, der ihnen womöglich die Idee stehlen würde.

»Menschenskinder«, staunte Winfried im tiefen Timbre seiner Stimme, nachdem er abwechselnd an seiner Feldflasche und einer Zigarre genuckelt hatte. »Was macht ihr beide für angestrengte Gesichter?«

»Wir überlegen«, gab Franz knapp zurück und versuchte dabei, sich auf die Zahlen in seinem Kopf zu konzentrieren.

»Ah, verstehe … euer ominöser Plan.«

»Spotte du nur, Winni«, drohte Alex und hob die Faust. Er war immer schnell auf Konfrontation aus.

»Ruhig Blut, mein Kompagnon«, beschwichtigte Franz. Er wiederum besaß ein Talent dafür, Alex' beizeiten aufbrausendes Gemüt zu besänftigen.

»Ist es etwa verkehrt, Pläne zu machen?«

»Nein, nein«, sagte Winfried und hob abwehrend die Hände. Sein dickes Pflaumengesicht stellte ein Lächeln zur Schau, das als Friedensangebot zu deuten war. »Ich habe doch auch Pläne und das ist in Ordnung so. Nur erzählt ihr zwei halt nichts.«

»Du erzählst ja auch nichts«, grinste Alex, nahm Winfried die Zigarre ab und inhalierte einen Zug. Er und Franz hatten das Rauchen aufgegeben, um mehr Geld beiseitelegen zu können.

»Och, ich …«

Die scharfe Stimme des Offizierstellvertreters unterbrach den Kölner: »Haltet die Goschen, ihr Trantüten! Die Kompagnie marschiert fort!«

»Ich erzähl's euch später«, versprach Winfried.

Die Soldaten warfen ihre Tabakerzeugnisse weg, verschlossen die Feldflaschen und rückten sich die schwere Ausrüstung zurecht. Daraufhin setzte das Regiment seinen Weg fort. Es passierte Gutshöfe und Rinnsale, die unter der Straße hindurchflossen.

»Wann passiert denn endlich was?«, fragte ein blutjunger Musketier missmutig.

»Die Belgier sind sicher alle schon nach Frankreich geflohen!«, jauchzte ein anderer.

»Ihr werdet euch die Ruhe noch zurückwünschen, wenn euch die blauen Bohnen erst um die Ohren pfeifen!«, brummte ein älterer Reservist.

Gegen Mittag erreichten sie das Grenzörtchen De Plank, von wo aus man bequem in die Niederlande hinüberspucken konnte. Franz' Füße drückten fürchterlich in den ollen Stiefeln und er sehnte sich nach einer Pause. Noch einmal mahnte der Offizierstellvertreter, sich von der Grenze fernzuhalten. Auch nur ein falscher Schritt auf niederländischen Grund und Boden könnte einen Krieg mit der kleinen Seefahrernation auslösen.

Es war dann tatsächlich ein Holländer, der die Grenze nach Belgien überquerte und unter den Mannen des Lützow-Regiments für eine gewaltige Überraschung sorgte. Bei jenem Holländer nämlich, der von deutscher Abstammung war, genauer in Schwerin geboren, und sich Anfang des Jahrhunderts in das Nachbarland eingeheiratet hatte, handelte es sich um Heinrich zu Mecklenburg-Schwerin, Prinzgemahl von Königin Wilhelmina. Hoch auf einem schillernd geschmückten Wallach tauchte er am Wegekreuz von De Plank auf. Goldene Epauletten waren auf den Schulterteilen der aus dunklem Tuchstoff gefertigten und mit brillierenden Orden behangenen Uniform angebracht, eine Kombination aus Schnauz- und Ziegenbart verzierte das fleischige Gesicht. Prinz Hendrik stieg von seinem Ross herab, im Handumdrehen bildete sich eine Traube von Offizieren um ihn herum. Sie plauderten ausgelassen. Lachten. Die Offiziere berichteten stolz von ihrem Vorhaben, Visé zu nehmen.

Auch Franz und Alex sahen im Vorbeimarschieren den Prinzgemahl, umringt von ihren Vorgesetzten, ebenso wie ein Marktstand mit unschlagbaren Preisen von Waschweibern umringt wurde. Die beiden Musketiere vermochten sich keinen Reim auf dieses Bild zu machen, und ahnten auch nicht, welche internationale Krise der kurze Auftritt des Adeligen nach sich ziehen sollte.

»Das ist doch der Heinrich von Holland!«, flüsterte jemand von hinten.

»Wer?«

»Der Prinzgemahl!«

»Ich habe gehört, er stellt den Kriegseintritt der Niederlande auf unserer Seite in Aussicht!«

Diese Meldung verbreitete sich wie ein Lauffeuer. Die Franzosen hatten mit ihrer Entente-Politik einige Verbündete um sich geschart, da war es nur recht und billig, dass auch die Liste jener Nationen wuchs, die dem Deutschen Reich Beistand leisteten.

Heinrich zu Mecklenburg-Schwerin empfahl sich schließlich und ritt zurück in die Niederlande.

Dritter Teil

Bei Voeren an der belgisch-niederländischen Grenze drehte das Regiment nach dem Süden ein. Oberst von Strantz befahl die Aufgliederung, zwei Kompagnien des I. Bataillons zogen mit einer Abteilung der MG-Kompagnie gen Warsage, um zu verhindern, dass dort verschanzte Freischützen dem gegen Visé operierenden Regiment in den Rücken fallen konnten. Der Rest strömte nach Berneau, so auch Franz und Alex. Sie zogen durch das in unheimlicher Stille daliegende Dorf, allein das Klackern der Ausrüstung und Klappern von Hufen war allgegenwärtig. Die beiden Musketiere spähten abermals argwöhnisch in jedes Fenster hinein. Wieder ließ sich kein Franktireur blicken, überhaupt erschien der Ort menschenverlassen. Gerüchte allerdings pflanzten sich durch das Regiment fort: andere Einheiten seien durchaus an Zivilisten geraten, die skrupellos auf deutsche Soldaten schossen. Erste Gefangene seien aufgegriffen worden. Viele Wehrmänner des Lützow-Regiments fieberten dem Aufeinandertreffen, dem Schlagabtausch geradezu entgegen. Mit geröteten Augen lugten sie in jedes Fenster und in jede Gasse hinein, in der Hoffnung, endlich einen bewaffneten Belgier auszumachen.

Als sie Berneau hinter sich ließen und über eine hölzerne Brücke die Berwijn überquerten, einen Nebenarm der Maas, der an dieser Stelle parallel zum großen Schwesternfluss verlief, ertappte sich Franz dabei, wie sich Enttäuschung in ihm breitmachte, bisher keinen Gegner angetroffen zu haben. Es war mittlerweile früher Nachmittag, die Sonne hatte ihren Zenit überschritten und kroch in quälender Langsamkeit dem Horizont entgegen, den sie irgendwann nach 21 Uhr erreichen würde. Den ganzen Tag über waren sie nun schon durch Belgien gestapft, ohne dass irgendetwas geschehen war! Er jedenfalls, Franz Gardenier, wäre die Lach-

nummer der Familie, würde er aus dem Kriege
nach Hause zurückkehren, ohne einen Schuss
abgefeuert zu haben, so fürchtete er. Er leckte
sich über die aufgesprungenen Lippen, und be-
tete höhere Mächte an, ihm diese Schmach zu
ersparen. Mit verengten Augen blickte er zum
Firmament hinauf. Die Sonneneinstrahlung
brannte wie Feuer auf den Wangen, seine aus-
getrocknete Kehle verlangte nach eimerweisem
Wasser.

Hinter Berneau überholte ein Reiter der Ulanen im Galopp die lange Marschkolonne. Das
Pferd wirbelte Staub auf, der die Soldaten ein-
hüllte und sich auf ihrem Waffenrock absetzte.
Franz blinzelte dem Reiter nach, der weiter vorne eine Meldung an den Bataillonskommandeur
übergab, ehe er davoneilte. Die einzelnen Kompagnien zogen am Straßenrand unter, und der
Offizierstellvertreter klärte über die Lage auf:
»Schießerei vor Visé mit der belgischen Gendarmerie. Es hat erste Gefallene gegeben.«

Der hünenhafte Offizierstellvertreter mit dem
weißen Haar fasste die jungen, ja beinahe ju-
gendlichen Soldaten ins Auge, die seinen Aus-
führungen mit leuchtenden Augen folgten.

»Zudem geraten wir bald in den Wirkbereich
der belgischen Festungswaffen. Sollten wir unter
Beschuss geraten … hinlegen … Befehle ab-
warten. Fragen? – Keine? – Sehr gut, dann auf,
auf!«

So ging es weiter, Schritt um Schritt näherten
sie sich Visé an der Maas. Die trockene Luft
reizte Franz' Atemwege, Alex musste immer wieder niesen. Zudem wurde das Gewehr allmählich schwer, es fühlte sich jedenfalls schwerer an
als noch am Morgen. Franz' Oberarme brannten
und bedurften ebenso dringlich einer Pause wie
seine geschundenen Füße.

»Ja, unternehmen wir hier eine Wanderung oder führen wir Krieg?«, beschwerte sich ein 18-jähriger Musketier.

Vor Visé verteilten sich die Kompagnien. Als Franz die ersten Häuser ausmachen konnte, dauerte es nicht mehr lange, bis er auch die Spuren des Kampfes zwischen den Ulanen und den belgischen Gendarmen entdeckte.

»Sieh mal«, sagte er zu Alex, schlug ihm gegen den Arm und wies auf ein weißgestrichenes Wohnhaus, dessen Seitenwand mit einem fetten, roten Klecks besudelt war. Davor ruhte, reglos in der Sonne brutzelnd, ein Mann in der Uniform der belgischen Gendarmerie.

Die Kadaver zweier Pferde lagen erstarrt auf der großen Weide vor der Stadt, die gefallenen Ulanen waren fortgeschafft worden. Ein Gewehrschuss echote über die Szenerie, als ein Mann des Lützow-Regiments einen waidwund geschossenen, verzweifelt mit den Hufen ausschlagenden Gaul von dessen Leid befreite.

»Schlimm«, kommentierte Alex sichtlich betroffen. »Das arme Tier!«

Franz nickte, die Tötung des sich windenden Pferdes war auch ihm nahegegangen. Sein wiehernder Schrei, der seit dem Gewehrschuss verstummt war, dieser fürchterliche, markerschütternde Schrei einer zu Tode gemarterten, schuldlosen Kreatur, brannte sich in seinen Geist ein.

Wie die anderen Siedlungen zuvor, präsentierte sich auch Visé scheinbar menschenverlassen. Die Offiziere scheuten den Vorstoß in die Stadt, wollten erst Aufklärungstrupps entsenden. So wurde der 6. Kompagnie ein Halt auf der großen Freifläche befohlen.

Franz fühlte sich zurückversetzt in die Zeltlager der Gemeinschaft Christlichen Lebens, an denen er in seiner Jugend gelegentlich teilgenommen hatte und die auch häufig auf großen

Wiesen stattgefunden hatten. Er und seine Kameraden saßen beisammen, aßen die Brote, die ihnen als Marschverpflegung mitgegeben worden waren und klönten dabei in aller Lebenslust über Gott und die Welt. Der Gnadenschuss für das arme Pferd war rasch wieder vergessen.

»Aber nun erzähl doch mal«, forderte Franz Winfried mit vollem Mund auf.

»Was soll ich erzählen?«, fragte der und kaute auf dem Mundstück seiner Pfeife herum. Winfried paffte abwechselnd Zigaretten, Zigarren und seine Pfeife und war ein richtiger Kettenraucher.

»Na, von deinen Plänen.«

»Ach so … natürlich … ihr wisst doch, mein Sohn …«

Winfried hielt inne. Franz und Alex hörten es auch. Sie alle hörten es. Neugierig, mit Fragezeichen im Gesicht, reckten die Soldaten ihren Kopf in die Höhe, lauschten diesem seltsamen Sirren in der Luft, das sich rasch zu einem Pfeifen aufbauschte. Jenes Pfeifen wurde lauter, geräuschvoller. Franz war plötzlich, als flöge etwas direkt auf ihn zu. Mit offenem Mund starrte er in den Himmel hinauf, doch konnte er nichts sehen.

Die Granate schlug derart plötzlich und wuchtvoll ein, dass Franz sich vor Schreck auf die Zunge biss. Während sich der Geschmack von Eisen in seinem Mund ausbreitete, sah er das Aufstäuben der Explosionswolke, keine hundert Meter von ihm entfernt. Flammen leckten aus der wie ein brauner Ballon dem Grund entsteigenden Erde. Dicke Brocken wurden durch den Druck der Detonation umher gewirbelt. Der Knalllärm war ohrenbetäubend, schmerzte in Franz' Gehörgängen, ließ ihn einige Wimpernschläge lang nichts anderes mehr hören. Gar nichts. Die freigesetzte Druckwelle erfasste ihn, schlug wie ein übergroßer Hammerkopf gegen seine Brust, stauchte ihn zusammen, presste ihm zeitgleich die Luft aus der Lunge, dass sich eine stechende Leere in ihr ausbreitete. Er konnte spüren, wie jener Luftdruck, diese pure, tobende Energie, durch seinen Leib hindurchfetzte; wie sie an seinen Organen rüttelte und sein Gekröse in Schwingungen versetzte. Es war ein abscheuliches Gefühl, als versuchte eine unsichtbare Kraft, seine Innereien zu packen und ihm aus dem Leib zu reißen.

Franz ließ sich fallen.

»Scheiße«, hauchte er.

Alex neben ihm schrie auf, hielt sich die Seite und kippte vorneüber.

»Alex!«, brüllte Franz, dessen Augen den gefallenen Freund fokussierten, doch sein verzweifelter Ausruf ging unter im höllischen Krach, der über Visé gekommen war. Offiziere und Gemeine riefen durcheinander, warfen sich hin, während der Schall der Explosion noch nachklang. Die aus dem Erdreich gerissene und in die Luft geworfene Erde, garniert mit Grasnarben, Steinen und zerfetztem Gesträuch, kehrte ihren Flug um, und prasselte in weitem Radius auf die Mannen des Lützow-Regiments ein. Franz vernahm das Herniederrieseln von Humus und Gestein zwischen den Rufen der Kameraden und dem Klappern und Schlagen ihres Sturmgepäcks, er spürte, wie Erdbrocken ihn am Rücken und im Nacken trafen. Ein dicker, faustgroßer Stein klatschte nur Meter von ihm entfernt mit einem dumpfen Laut ins Gras.

Franz spuckte ein Gemisch aus Blut und Speichel aus, die hellroten Fäden blieben zwischen den Halmen kleben. Er hob den Kopf, starrte auf seinen Freund, der reglos auf dem Bauch lag.

»Mensch, Alex!«, rief er, wollte aufstehen, da erklang abermals das Pfeifen in der Luft.

»Runter!«, brüllte der Offizierstellvertreter mit belegter Stimme. »Ja, glotzt mich nicht an wie die Schafe! Macht euch klein! Und setzt die Helme auf!«

Der letzte Teil ging unter in den Explosionen weiterer dicker Artilleriekoffer, die überall auf den Wiesen vor Visé einschlugen; die sich ins Erdreich bohrten, detonierten und viele Kubikmeter Boden emporschleuderten. Sie rissen tiefe Krater in den Untergrund, groß genug, dass eine ganze Gruppe darin hätte Schutz finden können. Überall zwischen den deutschen Soldaten platzten Granaten, stiegen braune Säulen in den Himmel hinauf. Die Energie jeder Entladung fetzte einem Wirbelsturm gleich über Franz hinweg, der seinen Leib flach in die Wiese drückte und sich wie die Schabe unterm Stiefel vorkam. Grashalme piekten in sein Gesicht. Blind nestelte er an der Pickelhaube herum, versuchte die Schnalle zu lösen, und fummelte sie sich zitternd auf den Kopf. Auf dem Überzug prangte in Rot die Regimentsnummer.

»Unten bleiben!«, brüllte sich der Offiziersstellvertreter die Kehle aus dem Leib. »Nehmt die Köpfe runter, verflucht noch eins!«

Franz dachte in diesem Augenblick nicht nach, er handelte. Er sah Alex, seinen Freund, seinen Kompagnon, vor sich liegen, nur Meter entfernt. Auf allen Vieren kroch er an ihn heran, während um ihn herum die Granaten pfeifend herniedersausten. Splitter zwitscherten über ihn hinweg, eine Explosion in der Nähe begrub ihn unter einem Schwall Erde. Es war, als würde ihm ein Bauarbeiter Schippe um Schippe Dreck ins Gesicht schleudern. Franz wühlte sich frei, kroch weiter, kroch an Alex heran und packte ihn am Arm.

»Alex!«, schrie er gegen das Getöse an.

Sein Freund drehte den Kopf, sah ihn aus aufgerissenen Augen an.

»Wo ist der Feind?«, plärrte Winfried indes.

Der Kölner lugte reichlich irritiert unter seiner

schief sitzenden Pickelhaube hervor. »Wo ist der Feind?«, wiederholte er seine Frage und suchte mit den Augen alle Himmelsrichtungen ab. »Wo steckt er?«

Endlich reagierte der Bataillonskommandeur, befahl den Rückzug. Nur weg, raus aus dem mörderischen Trommelfeuer! Der Befehl wurde von Unterführer zu Unterführer weitergetragen, erreichte endlich auch die Führung der 6. Kompagnie.

»Auf die Beine mit euch, ihr Hunde!«, rief der Offizierstellvertreter und musste seine Order ob des Lärms mehrfach wiederholen. »Bewegt euch!«

Ohnmächtige Wut kochte in Franz hoch; Wut darüber, derart hilflos im feindlichen Feuer zu liegen. Er stellte sich auf ganz wackelige Beine, und rannte los. Sie alle rannten, flohen vor dem Artilleriefeuer. Die nächsten zehn Minuten erlebte Franz wie in Trance. Er hielt sich an Alex und Winfried, eilte den Kameraden nach, die wiederum den vielen anderen Infanteristen folgten, welche in diesem Augenblick die Beine in die Hand nahmen und sich in Richtung Berneau absetzten. Sie rannten, rannten, rannten. Franz ignorierte das Seitenstechen, Atemluft platzte schubweise aus seinem Mund. Er keuchte, sein Blick wurde zum Tunnel, fokussierte sich einzig auf jene Kameraden, denen er blindlings nachstolperte. In seinem Rücken fauchten die heranfliegenden Granaten, tosten die Einschläge.

Erst kurz vor Berneau erlangten die Offiziere wieder die Kontrolle über den Verband, vermochten sie die Männer einzufangen und neu zu ordnen. Franz schwitzte wie ein Schwein, seine Haut glänzte, seine Unterwäsche war nass, als hätte er in ihr ein Bad genommen. Neben ihm stützte sich Alex auf den Oberschenkeln ab und rang um Luft.

»Verfluchte Arschgeigen!«, schimpfte Winfried zwischen zwei rasselnden Atemzügen. Sein Gesicht hatte sich puterrot verfärbt. »Das ist doch kein sportlicher Kampf! Beschießen uns aus der Distanz heraus! Elende Belgier!«

Franz drehte sich um, wischte sich die schweißnasse Stirn, sah die vielen anderen Kameraden, die verzweifelt nach Luft schnappten und große Trauben auf den Feldern vor Berneau bildeten. Der Beschuss war abgeebbt. Wäre da nicht das laustarke Keuchen der Soldaten, Franz würde das Plätschern der Berwijn hören können.

»Du lieber Himmel, Franz!«, versetzte Alex mit einem Mal.

»Was?«

»Halt still!«

Er spürte, wie sein Freund an seinem Tornister zugange war.

»Schau mal hier.« Grinsend hielt Alex ihm einen daumengroßen, rasiermesserscharfen Metallsplitter unter die Nase.

»Du Glücksritter«, prustete Winfried.

Vierter Teil

Der weitere Abend verstrich ohne Zwischenfälle oder gar Feindkontakt. Franz kam der ganze Feldzug Spanisch vor. Erst waren sie wie auf einem Fackelmarsch zu Ehren des Heiligen Martins durch die wallonische Provinz gewandert und hatten keine Menschenseele außer des niederländischen Prinzgemahls gesehen, dann hatten sie bei Visé die Spuren eines Kampfes entdeckt – den sie verpasst hatten – und kurz darauf waren sie wie aus dem Nichts beschossen worden. Danach waren sie eine Zeit lang der Berwijn gefolgt, ehe ihr Kompagnieführer nordöstlich von Visé das Errichten des Nachtlagers befohlen hatte. Das sollte also der Krieg sein? Franz hatte ihn in den Groschenheftchen seiner Jugend anders kennengelernt. In der Rückschau betrachtet wirkte der erste Tag des Feldzugs geradezu unkoordiniert auf ihn.

Wie durch ein Wunder hatte der Beschuss keine größeren Verluste verursacht – einige Leichtverwundete gab es wohl. Der Offizierstellvertreter klärte später darüber auf, dass der Beschuss aus einem der die Stadt Lüttich umgebenden Forts hergerührt hatte – nicht umsonst war die Heeresleitung wild entschlossen, Lüttich zu nehmen und die Festungen auszuschalten.

Die Nacht verbrachte die 6. Kompagnie zusammen mit ihren Schwesterkompagnien auf den weiten Feldern der Wallonie, jede Einheit stellte einige Soldaten für die Nachtwache ab.

Die Sonne war bereits fast vollständig hinter der Horizontlinie verschwunden, und vergoldete mit roten Strahlen das Land. Die Wipfel der Bäume glommen förmlich in ihrem Schein, Krähen kreisten über den Köpfen der Infanteristen. Diese saßen zu Hunderten, zu Tausenden auf der blanken Erde mehrerer Äcker zusammen, ein wildes Gewirr aus Menschen, Tornistern, Gewehren und Pferdekarren überzog das flache Land, soweit das Auge blickte.

Die Stimmung hatte sich ein Stück weit verändert, die Ausgelassenheit war der Ernüchterung gewichen. Franz war wütend, dass die Belgier sich nicht gezeigt hatten, dass sie ihm den fairen Kampf, Mann gegen Mann, verwehrten, der ihm seiner Ansicht nach zustand. Auch Alex fühlte so.

Ein Landser stimmte mit seiner Mundharmonika das eigentlich edle *Eine feste Burg ist unser Gott* an, das durch das gewählte Instrument einen melancholischen Unterton erhielt. Einige summten bald mit, wippten dazu mit dem Kopf und waren mit ihren Gedanken wohl daheim, bei Frau und Kind.

Winfried starrte mit leerem Blick in die Ferne und verlor sich im Glanz der Sonne, der die umliegenden Wälder wie eine Zuckergussglasur überzog. Eine feine Rauchsäule kräuselte sich hinter dem Forst in die Höhe, ihre Spur verlor sich im Gewölk.

»Was brennt da?«, fragte Alex. Franz zuckte mit den Schultern, er wusste es nicht. Seine Aufmerksamkeit galt längst dem Furier, einem stämmigen Unteroffizier, dessen Erscheinung dem Begriff Küchenbulle alle Ehre machte. Seine Handlanger hatten die *Gulaschmarie* über die Straße herbeigezogen, der Furier bereitete alles für die Essensausgabe vor. Franz' Kehle fühlte sich ganz ausgetrocknet an, und etwas zu beißen konnte er auch vertragen. Mücken und Fliegen umschwirrten seinen Kopf, die Biester plagten ihn. Unterhalb des Mützensaums waren seine Schläfen zerstochen, rote Höcker wuchsen dort aus der Haut. In der Ferne ertönte eine Salve Gewehrschüsse, deren Echo über das Land rollte und Winfried aus einem Tagtraum hochzucken ließ.

Der Reservist Hans Schaluppke, der sich im Laufe seines Lebens schon in so vielen unterschiedlichen Bereichen als Tagelöhner verdingt hatte, dass er die Zahl seiner Anstellungen nicht mehr zu zählen vermochte, setzte sich zu den »jungen Hüpfern«, wie er Franz und Alex zu nennen pflegte. Seine stahlblauen Augen, die aus der ledrigen Gesichtshaut hervorstachen, blinzelten die beiden Musketiere an. Er steckte sich eine Zigarette zwischen die spröden Lippen, seine Hände, groß wie Bratpfannen, wussten von einem harten Arbeiterdasein zu berichten. Die Fingernägel waren vergilbt, pockig; wie Zitronenschalen.

»Und, ihr Hüpfer?«, höhnte er. »Seid ihr immer noch ganz versessen darauf, die Belgier aus der Nähe kennenzulernen? Oder hat euch der kleine Begrüßungssegen heute Nachmittag gelangt? Zeigt mal her, eure Schlüpfer! Sind doch sicher nass!«

Schaluppke pflegte eine Schnauze, dass Franz manches Mal mit den Ohren schlackerte.

»Na, erlaube mal, Schlappe!«, protestierte Alex. *Schlappe*, so nannten sie ihren *Kompagnie-Opa*. Der lachte spöttelnd, ehe er ein »na denn« entweichen ließ.

»Hast du denn schon vernommen, wie es jetzt weitergehen soll?«, fragte Winfried, halb neugierig, halb reserviert. Winfried, Vater eines Kindes, war derjenige unter den vier Soldaten, der noch am ehesten zugegeben hätte, Angst zu verspüren. Angst davor, von Kugeln zerfetzt, von Granaten zerrissen, unter einer Reiterattacke, unter den bockschweren Tieren, zertreten zu werden.

Franz jedenfalls hatte Winfried als jemanden kennen gelernt, der in allen Lebenslagen Vorsicht walten ließ.

»Ich denke, wir ziehen runter nach Dalhem. Sichern die Straße nach Lüttich. In Rabosée sollen sich die Praliné-Soldaten formieren, da wird es bunt werden.«

»Na, endlich«, sagte Alex. »Die haben sich lange genug versteckt.«

»Pah«, machte Schlappe und spuckte grünlichen Schleim auf den Acker. »Ihr werdet euch noch früh genug nach Hause wünschen, zurück an Muttis Busen.«

»Im Leben nicht!«, erwiderte Alex entrüstet, und auch Franz verneinte, wenn auch zurückhaltender. Alex strich über das Gewehr, das neben ihm lag und ergänzte: »Die Belgier sollen mir mal vor den Karabiner kommen!«

»Karabiner gibt es nur bei der Kavallerie, du Esel. Das ist ein Gewehr«, entgegnete Schlappe trocken.

»Wird es so schlimm werden?«, fragte Winfried.

»Mal sehen.« Schlappe zuckte mit den Schultern. »Lasst euch jedenfalls nicht diesen Schwachsinn einreden, die Belgier seien dumm und feige. Das sind Männer wie wir, und sie werden kämpfen wie wir.«

»Kämpfen wie wir, dass ich nicht lache!«, rief Alex aus. »Hast wohl noch nicht von der flämischen Studentin gehört, die man hopsgenommen hat, als sie gerade die Höllentalbahn in die Luft sprengen wollte! So nämlich kämpft der Feind, hinterhältig und falsch, jawohl!«

»Und in Nürnberg haben sie Bomben aus Flugzeugen geworfen.«

»Ach, Gerüchte«, wiegelte Schlappe an. »Nichts als Gerüchte. Lasst euch nicht immer aufhetzen von diesem Gerede.«

Schlappe zog an seiner Zigarette, deren Glut im weichenden Tageslicht gloste. Franz spürte, dass es schwieriger wurde, den eigenen Drang nach Tabak im Zaum zu halten.

»Ihr wisst doch, wie das ist. Der Priester sagt zum Politiker: Halt du sie arm, ich halt sie dumm.« Schlappe lächelte wissend, Alex atmete hörbar aus. Er ließ sich gar nicht gern als hirnloses Rindvieh bezeichnen, auch indirekt nicht.

»Rabosée jedenfalls«, überlegte Schlappe laut und nickte zu seinen eigenen Gedanken, »wird noch bunt werden.«

»Und in Richelle soll es vor Freischützen nur so wimmeln«, fügte Winfried hinzu.

»Möglich.« Schlappes alte Augen verwandelten sich in Milchsuppe.

»Mensch, worauf wartet der Hampelmann denn nur?«, fragte Franz mit Blick auf den Furier und dessen Gulaschkanone. Es erschien ihm jedenfalls nicht so, als habe der Küchenbulle noch irgendetwas zu tun, bevor er das Essen ausgeben konnte. Wie so oft aber geschahen in der Armee Dinge, deren Hintergründe sich Franz verschlossen, und der daher dazu verdammt war, sie als gegeben zu akzeptieren und entsprechend das zu tun, was im Soldatenleben die meisten Zeit in Anspruch nahm: zu warten.

»Du wolltest uns noch von deinen Plänen erzählen«, sagte Alex schließlich, an Winfried gewandt.

»Ah, ja.« Winfried schmatzte. »Ihr wisst doch, mein Junge … nun ja, er ist ja schwer krank gewesen. Zeitweise dachten wir, wir würden ihn zu Grabe tragen müssen.« Ein Zittern um die Mundwinkel des Kölners herum verriet die tiefschürfenden Emotionen, die er damit verband.

»Aber er hat gekämpft und ist wieder gesund geworden. Jedenfalls hing im Hospital ein großes Landschaftsgemälde, das die Ostseeküste auf der Insel Poel zeigt. Mein Kleiner und ich haben oft davorgesessen und uns das Meer vorgestellt. Haben wir ja beide noch nicht gesehen.«

Franz nickte, ihm gefiel die Vorstellung. Wenn er an seinen Vater zurückdachte, kam ihm vor allem dessen Gürtel in den Sinn, und seine Erinnerung vermochte sogar die Alkoholfahne lebendig werden zu lassen, die seinem alten Herrn stets vorwegmarschiert war. Er hätte sich auch ein inniges Verhältnis zu ihm gewünscht, es war aber nicht möglich gewesen, sodass er nun froh war, ihn seit Monaten schon nicht mehr gesehen zu haben.

»Da habe ich ihm versprochen, mit ihm ans Meer zu fahren.«

War das eine Träne, die sich in Winfrieds Auge geschlichen hatte?

»Meine Lisel und ich haben uns zwei Jahre lang jeden Pfennig vom Mund abgespart und haben jetzt endlich das Geld für die Zugtickets und die Herberge zusammen. Nächstes Jahr im Mai geht es los, der Postbote hat mir den Schrieb vom Herbergsleiter noch vor der Mobilmachung übergeben.«

In Winfrieds Augen flammte ein Licht auf, das augenblicklich auch Franz' Herz auf angenehme Weise berührte.

»Deshalb darf die ganze Chose hier auch keinesfalls länger als bis Anfang 1915 dauern«, erklärte Winfried schließlich. »Aber glaube kaum, dass die Franzmänner länger aushalten werden.«

»Und was ist mit den Russen?«, fragte Schlappe, der bisweilen eine diebische Freude darin verspürte, die Träume anderer in Scherbenhaufen zu verwandeln. Er grinste, zeigte sein lückenreiches, faulendes Gebiss.

»Na, hör mal«, warf Franz beschwichtigend ein. »Der Iwan wird doch ganz fix einsehen, dass es keinen Sinn hat, wenn Frankreich erst geschlagen ist! Allein mag er doch auch nicht mit uns und der Doppelmonarchie fechten.«

Schlappe machte deutlich, dass er diese Zukunftsvision nicht als sehr realistisch einstufte.

»Der Zar ist ein intelligenter Mann, der wird wissen, dass er allein gegen zwei Großreiche keinen Stich landen kann«, setzte Alex nach, was Winfrieds Miene ein wenig aufhellte. Auch das war ein Talent von ihm, er vermochte es immer wieder, andere aus einem Tief herauszuholen und zu begeistern.

»Und was ist mit euch beiden? Jetzt spuckt schon aus, was ihr vorhabt«, forderte Winfried – wohl auch, um sich selbst von schmerzvollen Zukunftsvisionen abzulenken.

Franz und Alex schauten einander an und kommunizierten einmal mehr ohne Worte. Franz seufzte schließlich, ehe er eröffnete: »Wir wollen im nächsten Jahr zusammen eine Handelsgesellschaft gründen. Wir haben da eine schöne

Geschäftsidee ausgeklügelt und haben jetzt das nötige Kapital fast beisammen. Jetzt macht uns natürlich der Krieg einen kleinen Strich durch die Rechnung, weil wir noch einige Amtsgänge vor uns haben und mit Handelspartnern sprechen müssen, aber es wird gehen.«

»Ihr wollt was?« Winfried und Schlappe wechselten einen Blick, daraufhin brachen sie in schallendes Gelächter aus. Sie lachten Franz und Alex offen aus, was Franz die Schamesröte auf die Wangen trieb. Alex' Ohren verfärbten sich rot vor Wut. Schlappe kringelte sich, stieß mit heiserer Stimme viele, aneinandergereihte kurze Lacher aus und zeigte dabei ganz ungeniert auf die beiden Musketiere.

»Ihr seid mir zwei«, verhöhnte er sie. »Noch feucht hinter den Ohren, aber wollt schon die großen Geschäftsmänner mimen, was? Wie alt seid ihr nochmal … 17?«

»Wir sind 21!«, knurrte Alex und hatte Mühe, sich zu beherrschen.

»Und überhaupt tut unser Alter gar nichts zur Sache!«, ergänzte Franz.

»Ihr seid mir lustig«, schmunzelte Schlappe. »Ich gehe austreten.«

Und mit diesen Worten schlurfte der Reservist Schaluppke davon.

»Unsere Geschäftsidee ist wirklich einzigartig und gut!«, rief Alex ihm nach.

»Ja, ja …«

Franz aber war geknickt, er hatte selbst genug stille Zweifel ob ihres Vorhabens, da konnte er Kritik von außen gar nicht gebrauchen.

»Beachte den Vogel nicht«, empfahl ihm Alex. »Der weiß nicht mal, wie man *OHG* schreibt.« Er griente Franz an, was dessen Stimmung gleich ein wenig anhob.

»Hast ja recht, mein Kompagnon.«

»Macht ihr mal«, begütigte auch Winfried. »Ich werdet schon wissen, was recht ist.«

Die Kompagnie versammelte sich schließlich zum Essensempfang, die Preußische Armee hatte für eine üppige Furage gesorgt. Jedes Essgeschirr wurde bis zur Oberkante mit Gulaschsuppe gefüllt, dazu gab es Brot und eingelegte Gurken. Sogar Tabak wurde kostenlos ausgegeben, drei Zigarren, drei Zigaretten und fünf Gramm Kautabak pro Mann. Alex rauchte die erste Zigarette, noch ehe er das Essen anrührte, das Verlangen in ihm hatte letztlich gesiegt. Franz aber kämpfte weiter dagegen an, er wusste, würde er erst einmal wieder damit anfangen, würde er nie wieder davon loskommen und irgendwann auch wieder Geld dafür ausgeben. Wann ihre Handelsgesellschaft aber erstmals richtige Profite abwarf, stand in den Sternen, bis dahin konnten Jahre ins Land ziehen. Und Soldat waren sie nur noch bis Dezember – es sei denn, der Krieg sollte doch länger andauern, was Franz aber als äußerst unrealistisch einschätzte. Schon im Deutsch-Französischen hatten die deutschen Streitkräfte kein Jahr gebraucht, die Franzmänner zu überrennen, und der lag auch schon mehr als 40 Jahre zurück. Die Dinge hatten sich weiterentwickelt, es gab nun Verbrennungsmotoren und Maschinenwaffen, die einen Feldzug deutlich beschleunigen dürften.

Es war mittlerweile dunkel geworden, die Soldaten des Lützow-Regiments lagen mit vollgeschlagenem Bauch auf den Feldern der Wallonie. Der Zug, in dem Franz und Alex dienten, hatte Glück gehabt, der Kelch der Nachtwache war an ihm vorübergegangen. So lümmelten sich die beiden Musketiere nebeneinander auf dem harten Erdreich, sie benutzten ihre Tornister als Kopfkissen. Es waren reichlich harte Kopfkissen, doch die beiden waren das Biwakieren unter freiem Himmel bereits aus zahllosen Manövern gewohnt. Alex rauchte in der hohlen

Hand seine letzte Zigarette, er hatte gelernt, die Glut zu verbergen, sonst gab es Schimpfe vom Vorgesetzten. Freischützen mochten im Gesträuch verborgen liegen und nur darauf warten, dass ihnen ein dummer deutscher Soldat ihren Haltepunkt anzeigte.

Das gedämpfte Grollen von Kanonendonner erfüllte die Luft, oder war es ein natürliches Gewitter, das sich ankündigte? Franz vermochte es nicht zu unterscheiden.

»Ist deine letzte Kippe, was, alter Kompagnon?«, fragte er Alex. Die Schmacht in ihm wuchs beim Anblick des rauchenden Freundes, doch kämpfte er sie erfolgreich nieder.

»Jau«, machte der nur und blies vernehmlich Luft in den Nachthimmel. Franz sah nichts als den Scherenschnitt von Alex vor dem tintenblauen Firmament. Um sie herum schnarchten die Kameraden.

»Wo sind deine?«, fragte Alex mit berechnender Schläue in der Stimme.

»Du Luchs«, feixte Franz schelmisch. »Die kriegst du nicht.«

»Schade.«

»Habe sie verkauft. Auch den Priem. Alles zusammen für 60 Pfennig an den Günther.«

Alex antwortete nichts darauf, ein stummes Eingeständnis dahingehend, dass er vielleicht der Lautere war, Franz aber der Stärkere von beiden.

»Damit wächst mein Anteil an der Gesellschaft weiter«, neckte Franz.

»Rede du mal. Ich habe genug Kohle beiseitegelegt.«

»Abgerechnet wird bei der Einzahlung des Kapitals, mein Kompagnon.«

»Eben.«

Franz verzog das Gesicht.

»Der Krieg wird die Preise vielleicht nachhaltig beeinflussen.«

»Da habe ich auch schon drüber nachgedacht. Wir müssen nochmal durch die Kostenkalkulationen gehen, wenn wir zurück sind.«

»Ja.«

»Mensch, dieser Krieg kommt wirklich zur Unzeit! Wir müssen noch mit so vielen Vertriebspartnern sprechen … und mit dem Amt auch noch.«

»Ich sehe das mittlerweile eher positiv«, sagte Alex und beschwor damit Franz Staunen herauf.

»Wie das?«

»Na, überlege mal. In den Augen der meisten sind wir doch noch halbe Kinder … hast doch gehört, wie Schlappe reagiert hat. Niemand traut uns das zu.«

»Aber wir können das!«

»Na klar. Ich weiß das, du weißt das. Aber unsere Geschäftspartner werden eher ältere Herren sein, so wie Schlappe, oder noch älter. Die lachen uns aus, wenn wir mit unseren Anfang 20 zu denen in die Geschäftsstelle stiefeln und verhandeln wollen.«

»Meinst du wirklich?« Franz klimperte mit den Wimpern. Nun war es Alex, der einmal mit kühlem Kopf die Dinge durchschaute, was sonst doch Franz' Rolle war.

»Aber jetzt denke mal weiter. Wenn wir aus dem Krieg zurückkehren – Ende des Jahres – und dann als Helden und Veteranen unsere Gesellschaft gründen, wird uns niemand auslachen. Nein, dann werden wir Männer sein, auch in den Augen langjähriger Geschäftsleute. Und wohl wird unsere Vergangenheit eher noch ein Türöffner sein, man wird uns auf die Schulter klopfen und wissen wollen, wie es gewesen war, damals in Belgien und Frankreich.«

Franz dachte darüber nach. Er konnte sich dieser Logik nicht erwehren.

»Sorge dich nicht, wir werden das Ding schon schaukeln«, schloss Alex seinen Vortrag.

»Ja, werden wir«, lispelte Franz.

Fünfter Teil

Die Offiziere trugen den Portepees auf, die
Männer um 3 Uhr in der Früh zu wecken, was
diese mit lauter Stimme taten. Franz öffnete die
Augen, und spürte sogleich die wunden Stellen
an den Füßen und auf den Schultern, zudem
den Sonnenbrand, der seine Haut feurig erhitzte. Er blinzelte und brauchte einen Augenblick,
um zu begreifen, wo er sich befand. *Belgien! Auf
feindlichem Territorium!*
Franz schreckte hoch, sah Alex neben sich
wach werden.
Die Vorgesetzten brüllten die Soldaten auf die
Beine. Diese schulterten den Tornister, prüften
das Gewehr, manch einer stopfte sich ein Stück
Brot, das er sich von der Abendverpflegung ab-
geklaubt hatte, zwischen die Zähne.
Der Offizierstellvertreter erklärte, dass das Regiment nach dem Süden verlegen werde. Kom-
pagnieweise sollen die auf dem Weg nach Lüttich liegenden Dörfer durchkämmt werden.
»In der Nacht ist es zu Zusammenstößen mit
Franktireuren gekommen!«, beschrieb er der
versammelten Einheit. »In jedem Haus lauern
sie und warten darauf, dass ihnen so ein Tauge-
nichts den Rücken zukehrt. Dass ihr mir ja die
Augen offenhaltet! Kein Pardon!«
Der Tag begann jedoch ereignislos. Die Kompagnien des Regiments durchstreiften die Ge-
gend östlich der Maas, zogen in jede Siedlung
und jedes Gehöft ein, durchsuchten jedes Haus.
Die 6. Kompagnie beteiligte sich an der Siche-
rung Dalhems, einem winzigen Örtchen an der
Berwijn, was ihre Zeit bis zum Mittag bean-
spruchte. Weinende und schimpfende Weiber –

Kinder klammerten sich am Rockzipfel fest –
wurden aus Häusern getrieben und gefilzt.
Franz spürte, wie seine Nervosität stieg, wie
sein Zeigefinger immer wieder den Abzug des
Gewehrs suchte beim Anblick der belgischen
Bevölkerung. Es konnten ja doch Freischützen
unter ihnen sein, anzusehen war es ihnen nicht.
Jene Freischützen trugen keine Uniform und
würden sich erst dadurch bemerkbar machen,
dass sie einen deutschen Soldaten angingen.
Nicht nur Franz, auch die Kameraden wurden
kribbeliger mit jeder Stunde, die dieser Feldzug
älter wurde, ohne dass sie auf den Feind trafen.
»Verdammt noch eins«, sagte Winfried ange-
sichts der Frauen, Männer und Kinder, die die
Kameraden aus den Wohnhäusern Dalhems
herausführten und dann durchsuchten. »Die sehen doch alle irgendwie verdächtig aus.« Der
Kölner fasste sein Gewehr nach. Und Franz war
froh, sich an der Außensicherung der Ortschaft
zu beteiligen, statt sie selbst durchsuchen zu
müssen. Er beneidete die Kameraden nicht, die
mit aufgebrachten Frauen stritten und alte Tat-
tergreise auf Waffen abtasteten. Ein Leutnant
verteilte Wurstscheiben an Kinder, die Eltern
wohnten dem sichtlich misstrauisch bei. Die
Kleinen aber verputzten die Geschenke und
tanzten bald lachend um die deutschen Soldaten herum. Einige Kinder allerdings schienen
den Ernst der Lage zu begreifen, zumindest
färbte die bedrückte Stimmung der Eltern auf sie
ab. Sie trauten sich nicht an die Deutschen heran, nicht einmal für eine Scheibe Wurst. In ihren
Augen lag jene Scheu, die auch bei Rehkitzen
zu beobachten war.
Am frühen Nachmittag gab der Furier außer-
halb von Dalhem die Verpflegung aus, Kartoffeln
und Buletten standen auf der Speisekarte. Es
gab reichlich für jeden, die Kochgeschirre wurden aufgefüllt bis zur Oberkante. Franz und Alex

schlugen sich den Wanst voll und wurden satt, ehe sie das Bodenblech ihres Kochgeschirrs zu Gesicht bekamen. Die Unannehmlichkeiten beiseite genommen, die aus den langen Märschen resultierten, führten sie hier in der Wallonie ein herrliches Leben. Wenn sich nur endlich der Belgier einmal blicken lassen und Franz zu seinem Kampf verhelfen würde, dem er noch immer entgegenfieberte. Er konnte sich doch nicht ewig verstecken, und nur Geschützfeuer aus der Ferne geben, das entsprach auch nicht seinen Vorstellungen vom Krieg.

»Mensch, wenn das so weitergeht, wird das nichts mit den sechs Wochen bis Paris«, jammerte Alex, als die Kompagnie am frühen Nachmittag den Befehl erhielt, Marschbereitschaft herzustellen, um Dalhem hinter sich zu lassen. »Immer nur von Dorf zu Dorf tingeln ... was soll das für eine Kriegsführung sein?«

Der nun deutlich hörbare Donner in der Ferne – manches Mal blitzte es gar am Horizont – deutete darauf hin, dass anderenorts bereits heftig gekämpft wurde, doch der einfache Wehrmann der 6. Kompagnie wurde über die Großwetterlage nicht informiert. So hatten die Gerüchte Hochkonjunktur, man munkelte, der Franzose sei durch das Elsass gestoßen und liefere sich einen mörderischen Kampf mit dem ihm entgegeneilenden deutschen Heer.

Franz, Alex und Winfried blickten beeindruckt gen Süden, wo Lichterscheinungen, von der Erde ausgehend, bis ins Gewölk aufstiegen. Sie bemerkten erst nicht, dass sich Schlappe, das Gewehr locker in Vorhalte, zu ihnen gesellte.

»Was ihr da vorhabt«, begann der alte Reservist und druckste reumütig herum, »mit eurer Gesellschaft. Ich habe mich nicht drüber lustig machen wollen.« Das war das Nächste zu einer Entschuldigung, das von Schlappe zu erwarten war. Franz und Alex lächelten versöhnlich.

»Ist ja gut, du alter Esel«, sagte Alex. »Wir haben dich sowieso nicht für voll genommen.«
»Na, besten Dank auch.«
Sie gönnten sich den Luxus eines unterdrückten Lachens.
»Wisst ihr, es ist ja richtig so, Pläne zu haben«, sagte Schlappe etwas nachdenklich, während sie in Marschformation antraten.
»Hast du denn auch Pläne?« Franz verlor sich im wettergegerbten Gesicht seines Kameraden.
»Na, so in etwa«, gab der zurück. »Meine verehrte Frau Mutter – der Herrgott möge ihrer Seele gnädig sein – ist doch vor drei Jahren von uns gegangen.«
»Oh.«
»Sie hat ein stattliches Alter erreicht, so ist es nicht. Jedenfalls war das Geld in unserer Familie stets knapp, wir konnten uns deshalb nur ein schäbiges Holzkreuz für ihr Grab leisten. In dem ollen Ding sitzt mittlerweile schon der Holzkäfer drin, lange halten wird es nicht mehr.
Kurz vor der Sache in Sarajevo aber habe ich einen Kerl von der 3. kennengelernt, der Steinmetz ist. Sein Vater hat einen Betrieb in Ofden. Er will mir einen schönen Stein zum Selbstkostenpreis anfertigen.«
»Das ist doch klasse.«
»Jap. Sobald ich wieder daheim bin, bekommt meine Frau Mutter den Grabstein, den sie verdient hat.«
Die 6. Kompagnie marschierte zusammen mit weiteren Teilen des II. Bataillons gen Westen ab, schritt einmal mehr der Maas entgegen. Dieser nach Süden folgend, würde sie nach kurzer Wegtrecke auf Lüttich und den die Stadt umgebenden Festungsring stoßen. Um die Forts wurde bereits erbittert gerungen, die Kampfgeräusche, die von dort herüberhallten, kündeten davon. Der Große Generalstab hatte die Einnahme von Lüttich zur *conditio sine qua non* erklärt,

um den weiteren Feldzug gegen Frankreich gemäß dem Schlieffen-Plan in die Tat umsetzen zu
können.

»Soldaten!«, begann der Offizierstellvertreter,
dessen messerscharfer Wachhundblick die Reihen der 6. Kompagnie abwanderte. Franz blinzelte an ihm vorbei und fixierte das Örtchen Richelle, das friedlich an der Maas lag und in der
Abendsonne gleißte. Ein Kirchturm erhob sich
über die Giebeldächer. Im Norden und Nordosten stieg jenseits der Wälder und Felder dichter
Qualm auf, der von großen Brandherden stam-
men musste.

»Stolze Preußen!« Der Offizierstellvertreter
neigte zur Theatralik. »Dieses Mal obliegt uns
die Aufgabe, die Siedlung zu durchkämmen und
jeden Franktireur aufzuspüren, der sich dort versteckt hält. Bajonette aufpflanzen!«

Die Offiziere teilten die Soldaten in kleine
Trupps auf, die sich daranmachten, den Auftrag
auszuführen. Schweigend und achtsam drangen
Franz und Alex zusammen mit Winfried und
Schlappe in den Ort ein. Sie hielten die Geweh-
re schussfertig, die Bajonette glitzerten im Licht.

»Ob sich hier welche verschanzen?«, hauchte
Franz.

»Na, die werden ihr blaues Wunder erleben«,
sagte Alex selbstbewusst.

»Still jetzt!«, zischelte Winfried. »Ich glaube, in
dem Haus rechts ist jemand umhergelaufen.«

Sie horchten, hielten den Atem an, doch ver-
nahmen nichts. Die Gebäude vor ihnen lagen in
völliger Ruhe dar. Schweiß quoll ihnen unter der
Pickelhaube hervor, rollte in dicken Perlen über
das Gesicht.

Franz' Uniform rieb an seiner Haut, die Unterwäsche war durchnässt. Seine Kehle war trocken und verlangte nach Wasser. Eine pochen-
de Furcht schlich sich in seine Gebeine ein, und
begann ihn zu beherrschen, einem dunklen Dä-

mon gleich. Einmal mehr linste er mit Argusaugen in jedes Fenster, in jede Gasse zwischen den Häusern, in jeden Spalt hinein. Sein um seine Sicherheit besorgter Geist verlangte zu erfahren, wer sich hinter den zugezogenen Vorhängen und geschlossenen Fensterladen aufhielt. Franz' Finger legten sich um das Holz seines Gewehrs, und drückten immer fester zu, bis er einen Schmerz in den Knöcheln verspürte. Er hielt die Waffe so fest, als hing er an ihr über einen Abgrund. Dicke Schweißtränen rannen ihm in die Augen, brannten dort. Er wagte es nicht zu blinzeln. Was, wenn genau in diesem Augenblick ein Freischütze die Fensterladen aufstieß und sein Gewehr auf ihn richtete?

Er musste wachsam sein! Wachsam bleiben! Die Anspannung erhöhte sich ins Unermessliche, Franz vibrierte am ganzen Leib. Er fühlte sich, als wäre er auf eine Streckbank gespannt worden, als versuchte die Apparatur seine Brust zu zerreißen. Die Stimmung war allgemein überreizt, Gerüchte sprangen in rasender Geschwindigkeit von Kompagnie zu Kompagnie über. Es hieß, die deutschen Truppen seien in Herve mit einem Steinhagel empfangen worden. Es hieß, Franktireure haben bei Visé mehrere Deutsche niedergeschossen. Versteckt in Wohnhäusern, haben Männer und Frauen mit alten Jagdgewehren das Feuer eröffnet. Es hieß, der belgische König selbst habe sein Volk in einer Ansprache zum eisernen Widerstand angestachelt, habe ihnen aufgetragen, ob Uniformierter oder Zivilist, die belgische Neutralität und Unabhängigkeit mit Hand und Herz zu verteidigen. Es hieß, allein die 2. Armee habe bereits über 200 Freischützen festgenommen, sie werden nun in Deutschland vor ein Kriegsgericht gestellt. Auf Franz verfehlte das zu emotionalen Ausrufen der Empörung aufgebauschte Gemunkel seine Wirkung nicht. Wut über den Umstand, dass die

Belgier Widerstand leisteten, statt die deutschen
Truppen unbehelligt passieren zu lassen, wie es
der Kaiser gefordert und dem belgischen König
angeboten hatte, machte sich in ihm breit. Einem rasenden Feuer gleich, in das ohne Unterlass Petroleum geschüttet wurde, kochte in ihm
der Zorn über diesen unsinnigen Kampf hoch;
darüber, dass er Tote und Verwundete forderte,
dass er auch ihn und seine Freunde der höchsten Gefahr aussetzte, obwohl all das nicht nötig
gewesen wäre. Waren es nicht die Franzosen,
die zuerst die belgische Neutralität verletzt hatten, als sie Offiziere in Verkleidung zu Erkun-
dungszwecken nach Belgien hatten einsickern
lassen? Waren es nicht die Franzosen, die
Deutschland durch Belgien hindurch anzugreifen
gedachten? Von Strantz hatte es gesagt. So war
es nur recht, dass das deutsche Heer dem Angreifer zuvorkam, um nicht Aachen, nicht das
Rheinland zum Schlachtfeld werden zu lassen.
So dachte Franz, und die Wut in ihm schäumte.
Sie vermengte sich auf gefährliche Weise mit
der Angst vor Freischützen, vor tödlichen Hinter-
halten. Jene Angst griff mit ihren hässlichen
Akren nach seinem Gemütszustand, piesackte
ihn mit glühenden Nadeln, forderte ihn auf, in jedem, der nicht die deutsche Uniform trug, einen
Feind zu erkennen. Der Zeigefinger lag flatterig
auf dem Abzug des Gewehrs, die Arme krampf-
ten, hielten sich beständig bereit, das Seitenge-
wehr in die Brust eines aus einer Gasse sprin-
genden Gegners zu stoßen. In diesem Zustand
schritt er durch die Ortschaft Richelle. Der Musketier Franz Gardenier glich einem unter äu-
ßerster Spannung stehenden Flitzebogen. Ein
Windzug reichte aus, ihn auszulösen. Ein Blick
zu Alex, Winfried und Schlappe verriet ihm, dass
es ähnlich um sie bestellt war. Auch ihre Augen
waren suchend auf die verriegelten Fenster ge-
richtet, auf jeden Vorhang, und zuckten sofort,

wenn irgendwo ein Geräusch erklang, und war dieses auch noch so banal und alltäglich.

Im Rücken von Franz, Alex, Winfried und Schlappe durchsuchten Kameraden Haus für Haus. Der Offizierstellvertreter brüllte geifernd Kommandos. Eine Frau schrie entsetzt auf, als sich ein Trupp Soldaten per Fußtritt Zugang zu ihrer Wohnung verschaffte. Irgendwo weinte ein Kind.

»Durchsucht jeden Winkel!«, verlangte der Offizierstellvertreter.

»Sie müssen doch hier sein«, wisperte Winfried, Argwohn veranlasste seine Stimme zu schwingen. Schritt für Schritt durchmaßen sie die Ortschaft. Starrten gegen verschlossene Fenster, die den Blick auf das versperrten, was im Inneren lag. Eine ganze belgische Kompanie mochte sich in den Häusern Richelles verstecken. Und Franz konnte sich nicht vorstellen, dass in dieser doch etwas größeren Siedlung, die bestimmt 1.000 Seelen beherbergte, nicht ein Freischütze unter den Einwohner war. Nicht nach allem, was er über Belgien gehört hatte. Er blickte die Straße hinauf, die verlassen dalag. Plötzlich ereignete sich weiter vorne ein Knall.

»Obacht!«, brüllte Winfried, da war es um die vier bereits geschehen. Reflexe und Instinkte hatten die Kontrolle übernommen, und ehe Franz sich versah, kauerte er hinter der Deckung einer Backsteinwand. Der säuerliche Körpergeruch von Alex stieg ihm in die Nase, der Freund befand sich neben ihm, an die Hausecke gelehnt, und stieß in schnellen Schüben Atemluft aus. Sturmgepäcke und Ausrüstung klapperten, Schritte erklangen. Die Kameraden warfen sich in Deckung, ohne zu wissen, was los war.

»Was war das?«, keuchte Winfried, der neben Schlappe gegen die Hauswand lehnte.

»Weiß nicht«, prustete Franz. Sein Herz bollerte fürchterlich, der mörderische Pulsschlag drückte ihm die Luftröhre ab, so glaubte er. Er würgte.

»Ein Schuss!«, überlegte Winfried angsterfüllt.

»Das war kein Schuss«, sagte Schlappe, doch ganz sicher schien auch er nicht.

»Die haben auf uns geschossen!«, bestand Winfried auf seiner Erkenntnis.

Alex überwand seine Furcht, spähte vorsichtig um die Ecke auf die leere Straße.

»Das war ein Gewehrschuss!«, beharrte Winfried.

»Quatsch nicht! Da ist was runtergefallen«, schnauzte Schlappe, der nun darüber Gewissheit erlangt zu haben schien.

»Was soll denn runtergefallen sein?«

»Ein Topf oder so, was weiß ich!«

Franz löste seine zitternde Hand vom Gewehr, erfasste Alex' Oberarm und knuffte ihn.

»Sei vorsichtig!«, wisperte er. Alex war noch immer der Mutigere von beiden gewesen. Er hatte ihn von der Richtigkeit überzeugt, den Schritt in die Selbstständigkeit zu wagen, trotz aller Risiken. Er war es, der ein Wagnis in Kauf nahm, um etwas zu erreichen. Ohne Alex würde Franz bis zum Sankt-Nimmerleins-Tag auf sein Glück warten und für die Profite anderer schuften.

»Siehst du was?«, wollte Schlappe wissen. Unten im Dorf, dort, wo die Kameraden der Dinge harrten, löste sich ein Feldgrauer von einer Hauswand, sprintete in zwei Sätzen über die Straße, verschnaufte hinter einem Steinwall und sprengte im Galopp weiter vor, dem Trupp um Franz entgegen. Der blinzelte hinüber, sah, dass es sich um den Offizierstellvertreter handelte.

»Meldung!«, brüllte dieser, hinter einem Holzkarren kniend.

»Mensch, siehst du was, Junge?«, verlangte Schlappe von Alex zu erfahren.

Franz beobachtete, wie sein Freund, ums Eck lugend, das Vorgelände sondierte. Endlich regte er sich, drehte sich zu seinen Kameraden um.

Nichts!

»Ich sag doch, da ist was umgefallen.«

»Meldung!«, plärrte der Offizierstellvertreter erneut.

»Wir …«, begann Franz und brach ab. Was sollte er sagen? Er fürchtete, sich lächerlich zu machen.

»Ja, nehmen Sie die Zähne auseinander und berichten Sie, Musketier!«, schimpfte der Vorgesetzte und linste dabei über den Holzkarren hinweg.

»Es … es ist was umgefallen, Herr Feldwebel.«

»Was?«, tobte der Offizierstellvertreter.

»Wir sind beschossen worden!«, zischelte Winfried und sah dabei vorwurfsvoll zu Franz herüber. Der ignorierte den Kölner Kameraden, befürchtete aber nun selbst, eine Falschmeldung abgesetzt zu haben. Konnte es nicht doch ein Schuss gewesen sein?

»Wir … ich … vielleicht war es ein Schuss!«, stammelte er. »Es hat einen Knall gegeben, Herr Feldwebel.«

»Ich glaub es nicht!«, fluchte der Offizierstellvertreter und spurtete auf Franz und die anderen zu. Hechelnd ging er zwischen ihnen in Deckung.

»Da hat doch wer geschossen!«, presste er sogleich hervor.

»Ich weiß nicht«, gab Franz zu.

»Ja«, versicherte dafür Winfried. »Da hat wer geschossen! Irgendwo am Ende der Straße.«

Der Offizierstellvertreter riskierte einen Blick um die Ecke, sein feiner Spitzbart wackelte.

»Da hinten, das Haus!«, sagte er. »Am Ende der Straße! Hervorragende Position für einen Schützen.«

»Ja, Herr Feldwebel«, sagte Alex und nickte.

»Vor mit euch. Stürmen!«

Franz starrte den Offizierstellvertreter ganz verdattert an, merkte aber rasch, dass der es ernst meinte.

Alex stürzte los. Franz folgte ihm kopflos nach, sprang auf die Straße, das Gewehr mit beiden Händen fest umgriffen. Er hörte seine Kameraden hinter sich, sah Alex voraus. Franz' Blick verengte sich zu einem Tunnel, er fokussierte nur noch das Ziel voraus; die Haustür, die zur Straße wies. Alex erreichte sie. Ein Kolbenschlag, und sie flog auf. Franz polterte als Erster ins Haus und fand sich in einem Flur wieder, der liebevoll eingerichtet war. Familienfotografien zierten die Wand, eine mit frischen Blumen bestückte Vase stand auf einem Schränkchen. Schuhe waren ordentlich unter einem Regal verstaut, Mantel und Hut verwandelten einen Kleiderständer in eine Menschenattrappe.

»Los, rein!«, drängte Alex hinter Franz. Zu viert stürmten sie in das kleine Wohnhaus, preschten ins Esszimmer, in die Küche.

»Die Treppe«, raunzte Schlappe.

Alex hastete als Erster hoch, nahm immer zwei Stufen auf einmal. Franz hinterher. Schon waren sie oben. Mit einem Tritt stießen sie eine Tür auf, und blickten in drei angsterfüllte Augenpaare. Ein Mann mit einer Schiebermütze auf dem Kopf stellte sich schützend vor eine Frau in seinem Alter und ein Mädchen von vielleicht 16 Jahren, das Franz auf Anhieb gefiel. Erst auf den zweiten Blick wurde er des Revolvers in der Hand des Mannes gewahr. Alex riss sofort das Gewehr hoch und brachte dem Türrahmen dabei mit der Bajonettspitze eine tiefe Kerbe bei. Der Mann aber schien nicht von der Absicht beseelt, Widerstand zu leisten. Geistesgegenwärtig warf er die Waffe weg. Und ebenso geistesgegenwärtig nahm Alex den Finger vom Abzug.

»Hervorragend, Musketiere Winghausen und Gardenier«, freute sich der Offizierstellvertreter, der hinter den beiden erschien. Franz war überrascht, dass er ihre Namen kannte. »Sie haben einen Freischützen aufgegriffen!«

Sie trieben den Mann raus aus dem Haus, rauf auf die Dorfstraße. Die Frauen folgten ihnen jammernd und beschwörend, hingen flehend am Ärmel des Offizierstellvertreters. Sie brabbelten ohne Unterlass auf Wallonisch, gespickt mit einem einzigen deutschen Wort, das sie immer und immer wiederholten: »Bitte – bitte.«

Der Offizierstellvertreter aber blieb hart, ließ die Frauen durch Winfried und Schlappe zurück ins Haus bringen. Sie weinten nun gar bitterlich. Es war, als hätte sich in ihrem Herzen das ganze Leid der kriegsgeplagten Bevölkerung Walloniens angereichert, das nun durch ihre herzzerreißende Mimik zum Ausdruck kam. Der gefangengenommene Mann blieb äußerlich gefasst, allein in seinen Augen lag ein schauerliches Flackern, als er den beiden Frauen nachblickte, bis diese aus seinem Sichtfeld verschwunden waren.

»Gute Arbeit, Männer«, lobte der Offizierstellvertreter noch einmal. Franz wusste nicht, ob er an dessen Stelle ähnlich hart hätte reagieren können oder ob ihn das Wehklagen der Damen doch erweicht hätte. Die Szene wirkte in ihm nach.

»Drecksack!«, maulte Alex den Belgier an und riss ihm die Schiebermütze vom Kopf. »Wolltest uns abschießen, wie?«

»Das war kein Schuss«, brummelte Schlappe. Für Franz sollte es für den Rest seines Lebens ein Geheimnis bleiben, ob er an jenem Abend in Richelle beschossen worden war oder nicht. In der Ausbildung war immer alles so einfach gewesen, feindlicher Beschuss war stets deutlich dargestellt worden, aus ersichtlichen Stellungen heraus. Die Realität aber strafte Ausbildung und Ausbilder Lügen. Und Franz begann zu begreifen, dass es im Kriege kein schwarz und weiß gab, stattdessen ein unendliches Meer an einander überlappenden Grauschattierungen.

Die Kompagnie brachte in Richelle insgesamt sechs Männer auf, die die Offiziere als Freischützen einstuften, darunter einen Vater und seinen bereits erwachsenen Sohn. Die Gefangenen bildeten im Zwielicht der einbrechenden Nacht eine schweigende Kolonne, die sich samt deutschen Bewachern gen Osten in Marsch setzte. Es hieß, man werde sie für Vernehmungen nach Aachen bringen.

Derweil ereilte die Kompagnie der Marschbefehl, Franz und seine Kameraden verließen Richelle. Die Ortschaft lag ebenso friedlich da wie am Nachmittag, als sie einmarschiert waren. Allein das gedämpfte Schluchzen, das sich in einigen Häusern vernehmen ließ, war neu.

»Ihr seht, Franktireure lauern überall!«, hatte der Offizierstellvertreter ihnen vor dem Abmarsch noch einmal eingeschärft und als Beweis ein Plakat herumreichen lassen, das an einer Anschlagsäule entdeckt worden war. Es war unterschrieben vom Gouverneur der Festung Lüttich, General Leman. Auf Französisch und auf Deutsch rief er die Bevölkerung dazu auf, mit allen Mitteln Widerstand gegen die deutschen Eindringlinge zu leisten.

Das Zeigen des Plakats verfehlte seine Wirkung nicht auf Franz, Alex und die Kameraden. Sie waren nun scharf wie ein Jagdhund, ihre Angst wandelte sich in einen pochenden Drang, gegen den Feind tätig zu werden. Es war dies die Epoche der Scharfmacher, der ausgebrochene Krieg ihr Meisterstück ... auf allen Seiten ver-

standen sie es prächtig, eine ganze Generation gegeneinander aufzuhetzen.
Mit dem Wunsch im Herzen, es den Belgiern zu zeigen, wankten Franz, Alex und ihre Kameraden gen Süden … gen Lüttich.

Sechster Teil

»6. Kompagnie … Tornister ablegen!«, schallte die Stimme des Kompagnieführers durch die Nacht. Plötzlich ging alles sehr schnell. Franz fand sich dabei wieder, wie er sich mechanisch den Tornister vom Rücken streifte und in einer langen Reihe neben die der Kameraden ablegte. Sie hatten kaum zwei Stunden ihre müden Knochen auf Stroh gestreckt, als sie schon wieder geweckt worden waren.
»Kompagnie … auf der Straße aaaaantreten!«, brüllte der Kompagnieführer, den die Finsternis vollends verschluckte. Es herrschte tiefschwarze Nacht, Franz sah nichts außer den dunkel schimmernden Gesichtern der direkt neben ihm stehenden Kameraden, eingerahmt von der Pickelhaube. Weiter die Straße runter klapperten und klackten die schweren Bestandteile der MG 08 – die Lafette, die wassergekühlte Waffe, die Munitionsgurte.
»Was ist los?«, fragte Franz atemlos.
»Bajonett aufpflanzen!«, befahl der Offizierstellvertreter.
Franz und Alex sahen einander an, während sie das Bajonett aus der Tasche zogen und reichlich unbeholfen in die Halterung unterhalb des Gewehres einhakten. Ein Klicklaut ertönte beim Einrasten.
»Kompagnie … liiiinks um!«
Franz und Alex, und mit ihnen die anderen 250 Soldaten der 6. Kompagnie, drehten ihren Kör-

per um 90 Grad, blickten nun die Straße hinun-
ter gen Süden. Dort erscholl mit einem Mal ein
Klopfen, das sich stetig wiederholte. Franz' Au-
gen blinzelten in die Düsternis. Er sah nichts.
»Was ist das?«, fragte Alex jungfräulich.
Schlappe kam Franz mit der Antwort zuvor:
»Gewehrschüsse.«
»Die Belgier …«, hauchte Winfried ehrfürchtig.
»Da habt ihr euren Krieg«, spottete Schlappe.
»Im Laufschritt. Marsch, Marsch!«
Die Kompagnie setzte sich in Bewegung,
Franz und Alex in ihrer Mitte. Sie waren nun keine Menschen mehr, keine eigenständigen Wesen, sondern winzige Teile eines größeren Organismus, und dieser Organismus trampelte mit
schnellem Schritt direkt ins Feuer hinein.
Leuchtkugeln jagten pfeifend ins Firmament hinauf und zerplatzten zu Sonnen, die die Straße
und den Wald mit grellem Flackerschein überzo-
gen. Franz musste die Augen zusammenkneifen
ob der plötzlichen Helligkeit. Im Eilschritt näherte
er sich dem Gewehrfeuer. Immer lauter drangen
die Abschüsse an sein Ohr, dazwischen gellten
hektische Rufe. Voraus öffnete sich der Wald
und entfaltete sich zu einer Ebene, rechter Hand
erhellten aus einem Bauernhaus lodernde Flammen die Umgebung. Ihr orangefarbener Schein
vermengte sich mit dem weißen Flackern der
Leuchtmunition zu einem bizarren Lichterspiel,
in dem Menschen zu dämonenartigen Wesen
gereichten und sich die Landschaft in ein alb-
traumhaftes Bühnenbild verwandelte. Der Geruch von Rauch stieg Franz in die Nase. Stumpf
hastete er dem Rücken seines Vordermanns
hinterher. Es war, als wäre er seines Willens be-
raubt worden; als würde die Kompagnie, diese
Ansammlung von Männern, ihn einfach mit sich
reißen, ihn hinfort spülen. Er klammerte sich an
sein Gewehr, die Fingerknöchel schimmerten

durch die Haut. Schreie erfüllten die Nacht zwischen dem Krachen der Schusswaffen.

»Los, los, los!«, rief ein am Straßenrand stehender Stabsoffizier den Führern der 6. Kompagnie zu, als sie ihn passierten. »Bewegung! Wir brauchen vorn mehr Menschenmaterial!«

»Wo sind die Belgier?«, stammelte Winfried zwischen zwei japsenden Atemzügen. »Wo sind die Hunde?«

Franz leckte sich über die Lippen, er hatte mit einem Male einen bitteren Geschmack auf der Zunge. Pulverdampf! Minenwerfer pufften, ihre Granaten pfiffen durch die Luft, schlugen weiter vorne ein. Viel zu kurz! Einschläge zwischen den Deutschen. Schreie durchschnitten die Dunkelheit. Franz sah einen Kameraden, der vorneüber auf die Straße kippte und reglos liegenblieb. Die Nachrückenden stiegen über ihn hinweg, niemand beachtete ihn. Irgendwo schrie sich jemand die Seele aus dem Leib, schrie entsetzlich gegen das Leid der Welt an, während aus seinem aufgerissenen Bein das Blut sprudelte.

»Vor, vor!«, riefen die Unterführer. »Immer vor!«

Die Minenwerferschützen korrigierten die Rohrstellung, die nächste Salve zwitscherte weit über Franz' Kopf hinweg, schlug vorne ein, jenseits des schwarzen Vorhangs, den die Nacht vor den Feind spannte. Nur punktuell erhellten Lichtblitze von Abschüssen und Leuchtkugeln dessen Stellungen. Die 6. Kompagnie formierte sich zu Angriffskolonnen, strömte über die Straße vor. Franz wurde einfach mitgerissen, selbst wenn er hätte stehenbleiben wollen, er konnte nicht. Rechts von ihm Männer, links ebenso, vor und hinter ihm. Er konnte ihr Rasierwasser riechen, ihre Schweißausdünstungen. Er sah Alex nicht mehr. Sah nicht Winfried, nicht Schlappe, sah nur Soldaten, das Wechselspiel aus Kunstlicht und Dunkelheit entfremdete sie zu schattenhaften Gebilden. Franz' Stiefel flogen förmlich über den Untergrund, vergessen waren die Blutblasen, die Druckstellen, die dumpfe Erschöpfung. Er rannte, rannte ins Blitzgewitter hinein, das sich voraus ereignete und in den Augen schmerzte. Der Lärm war ohrenbetäubend, es tackerten Maschinengewehre, klopften Büchsen, zischten Pistolen, krepierten tosend Granaten, schrien Deutsche und Belgier durcheinander, trompetete ein Horn, kreischten Verwundete. Franz sah – erahnte mehr zwischen Pickelhauben und im Rhythmus des Laufschritts auf- und niederwallenden Schulterblättern –, wie ein preußischer MG-Trupp ungeachtet der Flammen in das brennende Bauernhaus eindrang.

Im Vorfeld schälten sich Gebäude aus der Düsternis; eine Querstraße – eine Kreuzung. Diese war verstellt mit allerhand Dingen: Baumstämme, Möbel, Karren. Dahinter zuckelten die bekannten Tschakos der Belgier, eimerförmige Kopfbedeckungen, hin und her. Mündungsfeuer blinkten im Schwarz.

»Stellung! Feuer erwidern!«, schrie der Offizierstellvertreter. Die Soldaten warfen sich kollektiv hin, auch Franz legte sich flach auf die warme Straße. Der Schweiß quoll unter seiner Pickelhaube hervor, er badete in seinen Absonderungen. Er nestelte an seinem Gewehr herum. Erspähte plötzlich Alex, vorne links, unweit von ihm. Der hob sein Gewehr, visierte, schoss, repetierte, schoss. Auch Franz riss endlich seine Waffe hoch, um ihn herum brach eine fürchterliche Schießerei los. Das Zünden der Patronen; dieses platzende, wuchtvoll gegen das Trommelfell hämmernde Knallgeräusch, das Tausendfach binnen weniger Wimpernschläge erklang, bauschte sich zu einer unerträglichen Kakofonie auf. Franz überschoss die Kameraden vor ihm, hielt auf die belgischen Stellungen an,

in der Finsternis kaum zu erkennen. Tschakos sprangen von rechts nach links und zurück, die Rufe des Feindes erreichten ihn. Hier lagen sie sich gegenüber, Belgier und Deutsche, viele 100 Mann, und feuerten ohne Unterlass aufeinander.
Im ersten Stock des brennenden Hauses begann das MG zu sprechen, es überzog die belgische Stellung auf der Kreuzung mit langen Feuerstößen. Auch die deutschen Gewehrschützen überschütteten sie geradezu mit Projektilen, droben fiel ein Mann nach dem anderen. Franz feuerte, feuerte, wie es all die anderen auch taten, und konnte nicht ausmachen, ob er traf. Er erkannte im Flackerschein der Leuchtmittel wohl, wie die Straßensperre unter den Einschüssen zerstört wurde, wie jede Kugel Splitter und Staub aus dem Holz riss. Er sah Tschakos, die dahinter verschwanden – und meinte auch, sie wurden in ihrer Gesamtheit weniger. Doch mit Bestimmtheit sagen konnte er es nicht. Und so feuerte er, bis sein Gewehr die letzte Hülse auswarf, und drückte einen neuen Ladestreifen ins Lager. Er repetierte. Kugeln sirrten über seinen Kopf hinweg, doch in diesem Augenblick regierte ihn das Adrenalin, wurde er sich nicht bewusst, dass er in Lebensgefahr schwebte, dass sich keine 100 Meter von ihm entfernt bewaffnete Männer aufhielten, die ihm nach dem Leben trachteten. Nicht ihm persönlich, aber eben doch ihm … aufgrund der Uniform, die er trug.
Die Belgier mussten weichen unter dem enormen Druck der deutschen Angriffskolonnen. Die umgedrehten Eimer verschwanden vollends hinter der Sperre. Sogleich packten die deutschen Führer die Möglichkeit am Schopfe. Das Momentum des Augenblicks nutzend, brüllten sie ihre Soldaten auf die Beine. Franz erhob sich und hatte Mühe, den Vordermann nicht mit seinem Bajonett aufzuspießen.

»Vor!«, riefen die Unterführer berauscht. Franz konnte das Organ des Offizierstellvertreters heraushören. »Vor! Macht sie nieder!«

Sie preschten vor. Franz rannte, rannte, rannte. Keuchte. Sein Sichtfeld verengte sich auf die Straßensperre voraus. Dann war er bereits dort. Leiber säumten die Kreuzung, fliehende Belgier entschlüpften in die Dunkelheit. Die ersten Deutschen legten ihre Gewehre auf die hölzernen Hindernisse auf, und schickten den weichenden Belgiern ihre Grüße nach. Auch Alex war unter ihnen. Und Winfried stand direkt daneben. Die beiden gaben Schuss um Schuss ab. Zielten, schossen, repetierten, wie auf der Schießbahn. Nur von Schlappe fehlte in dem heillosen Durcheinander jede Spur.

»Macht sie nieder!« Der Offizierstellvertreter feuerte seine Pistole ab. Hülsen klimperten auf die Straße. »Macht sie nieder!«

Franz wurden die Arme schwer, und doch drückte er sich abermals den Gewehrkolben gegen die Schulter, und visierte die Schatten an, die jenseits der Kreuzung umherflitzten. Er schoss, dann eilte er vor zu Franz und Winfried. Er lehnte sich gegen einen Karren, wollte ebenfalls die Waffe auflegen, da schreckte er zurück, als er in etwas Nasses griff. Er betrachtete seine Hand im Schein der Leuchtkugeln. Blut.

»Nicht meins«, sagte Winfried ruhig und legte wieder an. Franz verstand ihn nicht, die Worte seines Kameraden gingen unter im Stakkato der Kriegswaffen. Er ließ seinen Blick über die Kreuzung schweifen, entdeckte sogleich vier Dutzend Belgier, die reglos um die Sperre herum verteilt lagen. Das MG im feuerspuckenden Haus schickte den Fliehenden glühende Geschosse nach, die Funken gleich durch die Schwärze flitzten. Ein Belgier kroch über die Straße, er zog ein Bein nach und hinterließ eine glänzende Blutspur auf dem Boden. Ein anderer kauerte hinter der Sperre, zurückgelassen von seinen Kameraden. Seine rechte Hand war in Fetzen geschossen, die Finger baumelten an den Sehnen. Im Schock nicht mehr Herr seiner Taten, sprang er auf die Beine, sprang einem Deutschen direkt vors Gewehr. Der erschrak und stach zu. Die Bajonettklinge verschwand im Hals des Mannes, was dem ein röchelndes Gurgeln entlockte. Der Deutsche, der bleich wurde vor Schreck, zog das Bajonett aus dem Fleisch des Belgiers. Blutpunkte sprühten auf seine Wangen. Der Belgier sackte, wild mit den Armen rudernd, zusammen, der Deutsche wich einen Schritt zurück und sah aus, als konnte er nicht glauben, was eben geschehen war.

»Schieß!«, rief Alex und vereinte damit Franz' Aufmerksamkeit auf sich. Er legte auch gleich an, feuerte wahllos weiter in die Düsternis, in der sich dunkelgraue Flächen durcheinander schoben. Ein Hund jaulte.

Ein Sausen in der Luft. Ein Pfeifen kündigte die herannahenden Granaten an. Dann schlugen sie ein, erbarmungslos, mit urgewaltiger Sprengkraft. Sie rissen die Erde auf, die Straße, zerfetzten die Straßensperre, fuhren in Häuser ein und verwandelten sie in wachsende Staubwolken. Alles hechtete kreuz und quer durcheinander. Ehe Franz sich versah, lag er bäuchlings auf der Straße, das Gewehr unter sich begraben, und presste mit beiden Händen die Pickelhaube gegen seinen Kopf. Um ihn herum sprang die Welt entzwei, so meinte er. Die Sprenggeschosse, abgefeuert von den belgischen Forts aus, wüteten fürchterlich unter den Deutschen. Männer zuckten getroffen im Splitterhagel und fielen aufs Gesicht. Die freigesetzte Energie der Einschläge zerriss die Lungenflügel jener, die zu nah dran waren. Sie erstickten lautlos; starben ohne eine äußerlich sichtbare Wunde. Das Zischeln der herannahenden Granaten steigerte sich zu einem wütenden Orkan, jeder Pfiff fand in einem Paukenschlag seinen Abschluss, der die im Zielgebiet liegenden Soldaten zusammenstauchte. Staub und Rauch wälzten über Franz hinweg, die Leuchtkugeln am Himmel und der Feuerschein, der das Schlachtfeld umgab, schimmerten wie hinter einem Schleier verborgen durch den staubigen Dunst, das Licht verzerrte in der dicken Luft. Feine Partikel drangen in Franz' Atemwege ein, reizten sie, kratzten fürchterlich. Er presste sich mit aller Gewalt gegen die harte Straße und schickte ein stummes Stoßgebet zum Himmel hinauf. Splitter und aus dem Erdreich gerissene Brocken wirbelten Projektilen gleich umher. Ein Belgier, dem eine MG-Garbe die Därme aus dem Unterleib gerissen, ihn aber nicht gleich getötet hatte, wurde von einem Ofen erschlagen, welcher, beim Einschlag einer Granate in ein Wohnhaus aus der Verankerung gerissen und wuchtvoll über die Kreuzung geschleudert worden war.

Franz biss die Zähne aufeinander, peinvolle Impulse gingen von seinem Kiefer aus. Er schloss die Augen, vermochte nichts mehr zu tun, konnte einzig auf den Zufall hoffen – jener Wegbegleiter jedes Soldaten, der über Leben und Tod entschied. Im Trommelfeuer der feindlichen Kanonen, festgenagelt durch Dutzende Einschläge im Sekundentakt, durch umhersurrende Fragmente, gerieten die soldatische Ausbildung und das individuelle Talent zur Bedeutungslosigkeit.

Zehn Minuten lang harrten die Angriffskolonnen im Dauerfeuer aus, zehn Minuten lang hofften die Offiziere, doch noch eine Feuerpause ausnutzen zu können, um den Angriff nicht abbrechen zu müssen, um noch in dieser Nacht die Erstürmung Rabosées an den Brigadestab telegrafieren zu können. Doch es war nichts zu machen, die belgischen Fortbesatzungen gönnten dem Lützow-Regiment keine Feuerpause, sondern deckten sie unentwegt mit Granaten ein, ließen die Einschläge von der Kreuzung nach Norden rollen, über die weiteren Aufstellungen des Regiments hinweg, und wieder zurück. Nach zehn Minuten stand fest, der weitere Vorstoß konnte nicht mehr erzwungen werden. Das Regiment musste zurückweichen, wollte es am nächsten Morgen noch eine Istmeldung im dreistelligen Bereich abgeben.

Die Offiziere brüllten die Männer auf die Beine. »Auf!«, schrie auch der Offizierstellvertreter, da regneten die Koffer gerade über einem Abschnitt hinter der 6. Kompagnie hernieder. Franz war nach jenen zehn Minuten im Feuer, nach zehn Minuten im Auge dieses tödlichen Sprengstoffsturms, vollkommen benommen und desorientiert. Sein Gehirn schaukelte hin und her, was wahnwitzige Schmerzen verursachte und das Fassen eines klaren Gedankens vereitelte. Er packte sich an die Schläfen, hatte das Gefühl, die Schädelplatten zusammenhalten zu müssen. Es dröhnte und blubberte in seinem Kopf, dass er die Zähne umso fester aufeinanderpresste. Er biss sich auf die Zunge, Blut sammelte sich in seinem Mundraum. Der Ruf des Offizierstellvertreters drang dumpf durch den Lärm, als hätte er sich Mutters Tischdecke in den Mund gestopft, ehe er seine Kommandos gab.

Die Soldaten stemmten sich hoch, manch einer blieb liegen. Franz tat es seinen Kameraden gleich, er handelte, ohne nachzudenken. Fahrig grapschte er nach seinem Gewehr, daraufhin bewegte er sich auch schon, mitgerissen von den Kameraden, die zurückströmten, weg von der Kreuzung, raus aus Rabosée. Offiziere wiesen ihnen mit gezogenem Degen den Weg. Und Franz rannte. Wie ein Schaf, das inmitten der Herde den anderen folgte, weil es sonst nichts kannte, folgte er den Kameraden und sah einmal mehr nur Nacken und Rücken. Minutenlang lief er, die Arme wurden ihm abermals schwer, vermochten das Gewehr kaum mehr zu halten. Manch einer schleifte einen Verwundeten mit sich, jemand stürzte und schrie auf. Rechts und links tobte sich die belgische Artillerie aus. Sie verwandelten einen Hain in Kleinholz, zerfetzte Blätter und Geäst. Holzsplitter schossen über die deutschen Soldaten hinweg. Franz entdeckte Alex wieder, er befand sich ein Stück weiter vorne, und Winfried links neben ihm.

»Stellung!«, brüllte irgendein Offizier. Franz gehorchte blindlings. »Sammeln im Straßengraben!«

Er folgte der Masse nach rechts, runter von der Straße, rein in den Graben. Dort warf er sich ins trockene Gras. Es war wieder stockdunkel, die Leuchtkugeln erloschen. Nur der Feuerschein brachte das Firmament zum Glimmen.

Die Soldaten der Kompagnie lagen keuchend, schnaufend, hustend im Straßengraben, die Gewehrmündungen zitterten. Franz gesellte sich zu Alex und Winfried, der Kölner hatte alle Viere von sich gestreckt und schnappte verzweifelt nach Luft.

»Schlafen können Sie, wenn Sie tot sind!«, wurde er sogleich vom Offizierstellvertreter angemacht. Winfried packte sein Gewehr, drehte sich angestrengt auf den Bauch. Die letzten Einschläge waren gerade erst verhallt, die Vorgesetzten waren damit beschäftigt, die Sturmkolonnen zu ordnen.

Franz spürte, wie der Puls in seiner Kehle klopfte. Seine Hände waren schweißnass, ein unkontrollierbares Flattern hatte sich ihrer bemächtigt. Er umfasste das Gewehr fest, um es zu unterbinden. Erst jetzt wurde er des Fiepens gewahr, das in seinen Ohren klingelte.

»Hattest du einen erwischt?«, fragte Alex zwischen zwei Atemzügen.

Einen erwischt ... es war so schnell ausgesprochen und klang danach, als wäre ein Spieler beim Völkerball getroffen worden. Doch was steckte dahinter? Franz machte sich in diesem Augenblick keine Vorstellung davon. *Einen erwischt*, das hieß, einer Frau den Gatten zu rauben, einem Vater den Sohn, einem Kind den Papa. *Einen erwischt* ... das bedeutete unermessliches Leid für eine ganze Familie.

»Ich ... ich weiß nicht ...« Franz wusste es wirklich nicht. Er hatte geschossen, geschossen ohne Pause. Sämtliche Munitionstaschen an seinem Sturmgepäck bis auf eine waren leer, die Laschen standen offen. Er hatte in die Nacht hineingeschossen; auf alles, was sich bewegt hatte, doch hatte in dem Wirrwarr des Kampfes nicht feststellen können, ob er auch getroffen hatte. Eine Schussbeobachtung durchzuführen war ihm auf der Schießbahn eingetrichtert worden. Schussbeobachtung! Wie sollte das möglich sein, wenn sich die Welt in ein blitzendes, orange und rot und weiß und blau flimmerndes Lichtgewitter verwandelt hatte?

»Ich weiß auch nicht«, japste Alex entmutigt.

»Wo ist Schlappe?«, stöhnte Winfried.

»Weiß nicht, vielleicht weiter vorne«, sagte Franz.

»Saubande, die Belgier«, schimpfte Alex, nachdem er zu neuen Kräften gefunden hatte. Der Zorn brannte ein Feuerwerk in seinen Augen ab. »Wir werden es denen schon zeigen«, schwor er.

»Ruhig Alex«, versuchte Franz seinen Freund zu beruhigen.

»Wie soll ich jetzt noch ruhig bleiben, nachdem die uns so hinterhältig überfallen haben? Saubande, belgische! Aber warte, wir werden sie mit Stumpf und Stiel ausrotten, die Lumpen!«

Franz schwieg, im Augenblick drangsalierten ihn keinerlei Rachegedanken, hatte ihn der Hass nicht in Beschlag genommen. Er war bloß froh, dass es vorüber war, dass er im Gras lag und einen Augenblick lang verschnaufen konnte.

Gespenstische Stille ergriff die Kompagnie. Verdrossen lauschte Franz dem entfernten Brummen der Abschüsse. Die Forts von Lüttich nahmen andere Frontabschnitte unter Feuer, und die deutsche Artillerie zahlte es mit gleicher Münze heim. Sie alle waren in einen Strudel der Gewalt geraten, der sich nicht mehr stoppen ließ.

Siebter Teil

Für die restliche Nacht wurden Franz und Winfried als Wache eingeteilt. Vollkommen entkräftet standen sie am Wegesrand und rangen mit der Müdigkeit, diesem schwarzen, krakenartigen Ungeheuer, das sie hernieder zu drücken versuchte. Jeder kämpfte für sich, sie sprachen kaum ein Wort miteinander. Franz blinzelte kräftig, doch nickte er immer wieder für Sekunden ein und schreckte dann auf. Er glaubte zu stürzen, fand sich aber auf beiden Beinen stehend wieder. Er klimperte ununterbrochen mit den Wimpern, seine Augen waren entzündet und brannten, als wären sie mit Essig in Berührung gekommen.

45 Minuten verstrichen.

Franz starrte immerzu auf die Straße voraus, die nicht mehr als ein dunkler Tunnel innerhalb einer Ansammlung von Stämmen war. Bunte, pulsierende Gebilde schlichen sich in seine Sicht ein, flanierten zwischen den Bäumen. Irgendwann funktionierte es nicht mehr sie wegzublinzeln.

Winfried schüttelte sich wie ein Hund, rieb sich die Wangen, atmete vernehmlich aus. Es war gespenstig still, die Geschütze schwiegen. Hin und wieder knackte es im Geäst, huschte ein Tier durchs Laub. Anfangs waren Franz und Winfried bei jedem Geräusch zusammengeschreckt, hatten sie hinter jedem Knistern einen sich anpirschenden Gegner vermutet. Mittlerweile aber ignorierten sie das Treiben der nachtaktiven Wesen. Oder war es doch der Feind? Einen Augenblick lang sondierte Franz bedachtsam den Waldrand, ehe seine Aufmerksamkeit einmal mehr wegdämmerte.

»Hab Schlappe nicht mehr gesehen«, sagte Winfried irgendwann wie aus dem Nichts. Nach eineinhalb Minuten erfolgte Franz' Antwort: »Der strolcht sicher irgendwo beim Etatmäßigen herum. Die beiden sind doch dicke.«

»Auch wieder wahr.«

Der Morgen brach an, das erste Tageslicht fiel in den Wald ein und ließ die schwarzen Stämme ergrauen. Franz und Winfried wankten zurück zur Kompagnie, nachdem die Ablösung eingetrudelt war. Dort erfuhren sie, dass Schlappe seit dem nächtlichen Gefecht vermisst wurde.

»Hat sich vielleicht aus dem Staub gemacht«, mutmaßte ein Landser. »Hat sicher Schiss bekommen, der alte Lump.«

»Du spinnst doch!«, blaffte Winfried sogleich, der antrat, die Ehre des Reservisten zu verteidigen. Franz und Alex schlossen sich diesem Protest lautstark an.

Währenddessen waren berittene Aufklärer aus Rabosée zurückgekehrt. Der Feind hatte den Ort dem Anschein nach aufgegeben. Die 6. Kompagnie erhielt den Auftrag, in Rabosée einzumarschieren und zu sehen, ob es Verwundete oder Beute zu bergen gab. Im Anschluss daran sollten sie sich dem Regiment anschließen, welches nach dem Osten eindrehte, um sich dem Sturm auf das Fort Barchon anzuschließen. Die belgische Festung stand kurz vor der Einkesselung, doch hatten die Belgier den Parlamentär, den die deutsche Seite mit weißer Beflaggung zu Verhandlungszwecken ausgesandt hatte, wieder zurückgeschickt und bis dato jeden Erstürmungsversuch blutig abgeschlagen. Nun sollte das Lützow-Regiment die Sturmtruppen verstärken, während die Artillerie bereits ihre 21-Zentimeter-Mörser in Stellung brachte.

»Das Fort muss fallen – so will es der Generalstab!«, verkündete der Offizierstellvertreter mit geschwellter Brust. »Wir wollen also unsere Dinge in Rabosée rasch verrichten, damit wir den finalen Sturm nicht verpassen!«

Franz hätte nichts dagegen gehabt, jenen Sturm zu verpassen, in Alex' Augen aber funkelte schon wieder ein bösartiges Feuer.

»Die werden sich umgucken!«, beschwor er mit erhobener Faust.

In der Ferne schwollen der Artillerielärm und das Gewehrfeuer an. Um das Fort Barchon wurde bereits erbittert gerungen ... es lag gute zwei Kilometer vom Standort der 6. entfernt.

Doch zuerst Rabosée!

»Rechts um ... ohne Tritt – Marsch!«

Das Bild, das sich Franz und seinen Kameraden auf der Kreuzung bei Rabosée bot, entbehrte jeder Vorstellung. Die Worte der deutschen Sprache reichen nicht aus, um begreiflich zu machen, welche Wirkung das Leichenfeld ausübte, in das sich jene Kreuzung verwandelt hatte. Das Regiment hatte die meisten seiner Verwundeten und Toten mit zurückgenommen, die Belgier aber hatten ihre Sperre fluchtartig verlassen und 80 Körper zurückgelassen, die durch die Leichenstarre bereits erhärtet waren und deren Haut sich grau-gelblich zu verfärben begann. Auch zwölf getötete Hunde fanden sich um die Kreuzung verteilt, Projektile hatten sie aufgerissen und in blutige Kissen verwandelt. Die Sonne begrüßte die Wallonie mit heißen

Strahlen, die auf die Erde nur so hernieder-
brannten. Die Hitze knisterte im Unterholz, und
verschonte auch die Gefallenen nicht. Ein ekel-
erregender Gestank vereinnahmte die Kreuzung. Franz würgte einen Breikloß hinunter, der
seine Speiseröhre hochgeklettert war. Andere
verloren den Kampf und übergaben sich an Ort
und Stelle. Unter den süßlichen Geruch von ver-
rottendem Fleisch mischte sich der saure Gestank von Magensäure. Abermillionen Fliegen
umsummten die Kreuzung.
Franz betrachtete die Toten, wollte sich ab-
wenden, doch konnte er nicht. Ihr Gesicht war
wächsern, trübe Knopfaugen stachen aus Pup-
pengesichtern, die Lippen waren wie wegge-
wischt. Sein Erinnerungszentrum speicherte den
Anblick für die Ewigkeit ab.
Es war schließlich Alex, der Schlappe fand.
Ein Projektil hatte das Gesicht des Reservisten
zerstört, hatte es faustgroß aufgerissen, sodass
der Schädelknochen frei lag, eingefasst in rote
Tinte. Die verehrte Frau Mutter des Soldaten
Schaluppke würde wohl auf ihren Grabstein ver-
zichten müssen. Franz und Winfried waren ver-
eint in der Trauer über den Verlust, Alex hingegen pulverte das Zählen der getöteten Belgier
auf. Er fieberte dem Kampf um Barchon regel-
recht entgegen und tat wiederholt seinen Unmut
darüber kund, dass sich die Kompagnie derart
lang auf der Kreuzung aufhielt. Geradezu sehn-
süchtig schaute er immer wieder nach dem
Nordosten, wo auf- und abschwellender Donner
von der Schlacht um das Fort zeugte.
Einige Verwundete, Deutsche wie Belgier, hatten die Nacht überlebt. Manch einer lag im Sterben, seine junge Seele klammerte sich verzweifelt und zwecklos an den zertrümmerten Körper.
Andere mochten durchaus eine Chance auf Ge-
nesung haben. Frauen aus Rabosée waren her-
beigeeilt, sie versorgten die Verwundeten beider

Seiten gleichermaßen mit Wasser und Tee. Es brach ein fürchterliches Gezeter los, als eine Abordnung mit dem Kompagnieführer an ihrer Spitze die Frauen vertrieb.

»Hexen! Macht euch vom Acker!«, rief sie den Frauen hinterher, die mit Tränen in den Augen abzogen. Einige der Landser, unter ihnen Franz, schauten ihnen hinterher.

»Die haben versucht, unsere Leute zu vergiften!«, keifte Alex. »Verdammtes Pack!«

»Ich weiß nicht«, flüsterte Franz. »Die schienen mir wirklich helfen zu wollen.«

»Hören Sie mit diesem unpatriotischen Firlefanz auf!«, schaltete sich der Offizierstellvertreter ein, der das Gespräch mitangehört hatte.

Alex nickte emsig.

»Denen ist nicht zu trauen!«, erklärte der Vorgesetzte und vollführte eine Armbewegung, als wollte er die ganze Welt umspannen. »In Visé hat eines von diesen Weibsbildern einem Verwundeten beide Hände abgeschnitten!«

»Das hat eine getan?«, fragte Winfried angsterfüllt nach.

»Ja, doch, aber ja. Und darum gilt: Vertraut niemandem, der kein Feldgrau trägt!«

In Rabosée selbst bot sich den Deutschen ein gänzlich anderes Bild. Die Bevölkerung, froh darüber, dass der nächtliche Kampf vor ihrer Haustüre vorüber war, traute sich aus ihren Behausungen. Einige verstrickten die Landser in Gespräche, ein Angehöriger der deutschsprachigen Minderheit zeigte stolz seine Flagge des Kaiserreichs herum. Franz staunte nicht schlecht ob des freundlichen Empfangs, er stand im Gegensatz zu allem, was er über die Belgier zu wissen glaubte.

Achter Teil

Der Kampf um das Fort zog sich hin, sodass die 6. Kompagnie ihn nicht verpassen sollte. Im Eilschritt nahm sie am nächsten Morgen jene Straße, die, von Rabosée abgehend, an die Nordflanke des Forts heranführte. Schweiß flutete Franz' Achseln, benetzte seine Unterwäsche. Sein sonnenverbranntes Gesicht glänzte. Abermals blickte er in den knallroten Nacken seiner Vordermänner, sah das rhythmische Auf- und Niedergehen der Gewehrmündungen. Die Offiziere machten Druck, das Gros des Lützow-Regiments war längst vor Ort und bildete Angriffskolonnen, um das Fort zu erstürmen.

Das Brummen und Donnern der Festungsgeschütze intensivierte sich mit jedem Schritt, den Franz tat. Alex, der neben ihm in der Formation marschierte, konnte es kaum mehr erwarten. Franz hingegen bekam es zunehmend mit der Angst zu tun. Zweimal nun schon hatte er erlebt, wozu die Geschütze des Forts Barchon fähig waren, mit welcher blinden Zerstörungswut ihre Sprenggeschosse Knochen und Gewebe zerrissen, menschliche Leiber zerstückelten. Er klammerte sich an sein Gewehr, die Anstrengung des Gewaltmarsches manifestierte sich als Stechen in seiner Flanke. Er veratmete sich, hustete. Sein Schritt wurde unstet. Er drohte zurückzufallen. Alex, der über die bessere Kondition verfügte, packte ihn am Arm.

»Willst doch nicht schlappmachen, ehe wir die Belgier im Fort abgeknallt haben, was?«, sagte er mit einem wölfischen Grinsen auf den Lippen.

Franz antwortete nichts darauf, er hatte alle Hände voll damit zu tun, Schritt zu halten. Die Offiziere legten ein brutales Tempo vor.

Die Kompagnie passierte ein Rinnsal, Felder, einen Gutshof. Der Geschützdonner war nun allgegenwärtig, es pfiff, zischte, das Knallen krepierender Granaten echote über das Land. Gewehrfeuer, heller und an das Zerplatzen von Knallerbsen erinnernd, brandete auf. Der Lärm klang auch nicht mehr gedämpft. Sie waren nah.

»Verdammte Axt«, stöhnte Alex rasselnd. »Die machen ohne uns los!«

»Bewegt euch, ihr Trantüten!«, brüllte der Offizierstellvertreter. »Oder wollt ihr ewig leben?«

Die Kompagnie, dieses feldgraue Gemenge, schob sich wie eine riesenhafte Raupe über die Straße, die nördlich des Forts entlangführte. Der Kompagnieführer, hoch zu Ross, ritt an ihrer Spitze, eine Umgebungskarte in der Hand. Er gab seinem Wallach die Sporen, der galoppierte davon. Wenig später kehrte er ins Sichtfeld der Soldaten zurück, winkte ihnen zu.

»Hier entlang!«

Südlich der Straße erhob sich die Erde, entfaltete sich ein hügeliger, für wallonische Verhältnisse geradezu bergiger Landstrich. Auf dem höchsten jener Hügel thronte das Fort Barchon, eines der großen Forts des Festungsrings von Lüttich. Jener Ring bestand aus zwölf Festungsanlagen, kreisförmig um die Stadt herum angeordnet.

»Das wird kein Zuckerschlecken«, hatte ihnen der Offizierstellvertreter vorab erklärt und dabei ein von der eigenen Wichtigkeit durchdrungenes Grienen zur Schau gestellt. »Barchon ist armiert mit zwei 15-Zentimeter- und vier 12-Zentimeter-Kanonen, dazu zwei 21-Zentimeter-Haubitzen und vier 57-Zentimeter-Geschützen. Überdies verfügt es über Maschinengewehre, mindestens sechs an der Zahl, und einige hundert Mann Besatzung, die aus allen Rohren feuern werden. Außerdem wird es gedeckt durch das Werk Pontisse im Nordwesten und Evegnée im Süden. Schaut rechts und links von euch und prägt euch die Gesichter ein«, war er fortgefahren.

Und Franz hatte links von sich geblickt, auf Alex, der der Rede mit flammender Begierde gefolgt war. »Nach der Erstürmung des Forts werden einige, die nun hier stehen und dem Sturm mutig und pflichtbewusst entgegensehen, nicht mehr da sein. Doch dürft ihr euch gewiss sein, dass der ehrenvolle Tod auf dem Schlachtfeld der Wallonie das höchste Glück ist, auf das der preußische Wehrmann hoffen darf!«
Mehr als zwei Jahre später musste Franz noch einmal an jene Rede zurückdenken, die der Offizierstellvertreter damals vor der Kompagnie gehalten hatte. Musste an die Kameraden zurückdenken, die damals vor Barchon ihr Leben im Felde gelassen hatten. Und machte sich bewusst, wie recht doch der Herr Feldwebel gehabt hatte. Franz beneidete jene, die auf den Feldern der Wallonie ihr Leben gelassen hatten, die dem Schrecken des Grabenkrieges entronnen waren, dieser Blutmühle aus Schlamm, Stahlgewittern, mit Leichen und gelbem, stinkendem Wasser gefüllten Trichtern, Giftgas, das Lungen und Haut zersetzte, Stacheldraht, Minen und feindlichen Tanks, die wiederauferstandenen Urzeittieren gleich schier unaufhaltsam über das Land krochen … eine Blutmühle, die ganze Generationen ihrer Glückseligkeit, ihrer Unschuld, ihrer Unversehrtheit und letztlich ihres Lebens beraubte … auf die eine oder andere Weise. Mehr als zwei Jahre später beneidete Franz die Toten der Schlacht um Lüttich offen. Doch so weit war er noch nicht. Noch befand sich der Musketier Franz Gardenier auf dem Weg zum Fort Barchon, dessen Erstürmung die Stärke der Kompagnie nahezu halbieren sollte.
Die Soldaten erreichten die Stelle, an der ihr Kompagnieführer auf sie wartete. Ein Stichweg führte von dort querab in den Wald hinein, welcher den Blick nach dem Süden versperrte, den Blick auf das Fort. Zweifelsohne, das Geschütz-

feuer drang aus dieser Richtung an Franz' Ohr
heran. Einige heftige Abschüsse tönten nun. Sie
erschütterten den Forst.
»Du meine Güte«, stieß Winfried besorgt hervor.
Die Kompagnie eilte durch den Wald, eilte
dem Kampflärm entgegen. In Franz' Brust rangen mannigfaltige Emotionen miteinander. Der
erste Feindkontakt – Auge in Auge mit dem Belgier bei Rabosée – hatte Zweifel in ihm gesät. Er
fragte sich, welches Recht der Kaiser hatte, ihn
der Lebensgefahr auszusetzen. Er fragte sich
überhaupt, was die Belgier zu seinem Feind
machte. Hatte ihn der Zollbeamte am Vierländereck nicht an den eigenen Vater erinnert? An
den Onkel? An einen deutschen Mann, wie er
millionenfach durch die Städte zwischen Köln
und Königsberg wandelte? Sollte das tatsächlich
der große Unterschied sein, dass der eine im
Rheinland und der andere in der Wallonie geboren worden war … nur wenige Kilometer vonein-
ander entfernt? Sollte das der Unterschied sein,
der die Farbe der Uniform festlegte? Jene Uniform wiederum legte fest, wer Freund und wer
Feind war. So schoss Franz dieser Tage nicht
auf jene, die er hasste oder mit denen er im
Zwist lag. Tatsächlich kannte er die Männer
nicht, auf die er schoss. Andere Stellen hatten
für ihn entschieden, auf wen er zu schießen hatte und auf wen nicht. Franz wurde wütend über
diese Gedankengänge. Hätten die Belgier doch
einfach den Durchmarsch gestattet! Sie hätten
Tausenden Familien viel Leid erspart! Franz biss
die Zähne aufeinander. Er blickte über den Kopf
der Vordermänner hinweg nach vorn, sah, wie
es jenseits der Bäume blitzte. Auf jeden Blitz
folgte Sekunden später ein Donnerschlag, der
raunend über die Landschaft grollte.
Der Eilmarsch über den unebenen Waldboden
war fürchterlich anstrengend. Franz trat auf Wur-

zeln, die aus dem Boden stachen und gegen
seine Sohlen drückten. Er stolperte einmal, doch
Alex fing ihn rechtzeitig auf.
»Keine Müdigkeit vorschützen, mein Kompagnon«, lächelte er aus seinem feuerrot leuchtenden Gesicht.
Die Offiziere führten die Kompagnie ans andere Ende des Hains, wo sich die Sohle einer steilen Erhebung anschloss. Im Schutze dieser erfolgte der Befehl zum Anhalten, der Kompagnieführer ordnete fünf Minuten Pause im Stehen an. Die keuchenden Männer rangen um Luft.
Franz hätte sich am liebsten ins Gras gelegt, sein Herz bollerte wild in seinem Brustkasten. Jenseits der Erhebung tobte der Kampf in einer Intensität, dass sich ihm die Nackenhaare aufstellten. Nun konnte er sogar deutlich das Schreien von Verwundeten aus dem wütenden Stakkato der Waffen heraushören. Kanonen krachten, Mörsergranaten pfiffen, MGs wummerten, Einschläge gewitterten in einer Lautstärke und mit einer Kraft, dass Franz jedes Mal zusammenzuckte. Auch spürte er die Wucht der entfernten Explosionen in seinen Eingeweiden.
»Ob das die Dicke Bertha ist?«, fragte Winfried.
»Nein, die ist noch unterwegs, glaube ich«, entgegnete jemand. »Wird erst morgen in die Kämpfe eingreifen.«
Franz blickte die Erhebung hinauf, dem Kampflärm entgegen. In seiner Brust wallte die nackte Angst, auch wenn er das niemals zugeben würde.
»Die belgischen Forts sind hochmoderne Festungsanlagen, ausgestattet mit Panzerkuppeln und Geschützen von Krupp«, hatte der Offizierstellvertreter im Vorfeld gehöhnt. »Sie gelten als uneinnehmbar. Nun, ihr treuen Preußen, es wird Zeit, diesen Ruf auf die Probe zu stellen.«
Franz' Herz vollführte Überschläge.

»Pass da draußen auf dich auf«, glaubte er Alex sagen zu müssen. Der wendete den Kopf, taxierte ihn wie ein Lehrer den unwissenden Schüler mit dem Blick durchdrang, ehe er sein Wissen mit ihm teilte.

»Iwo, du machst dir zu viele Sorgen«, sagte er. »Das Fort wird mir nichts, dir nichts fallen, wirst schon sehen. Die Belgier werden schon einsehen, dass sie unserer Übermacht nicht gewachsen sind.«

»Trotzdem«, presste Franz hervor, der sich plötzlich vorkam wie ein dummer Junge. »Ich mein ja nur.«

»Du immer und deine Vorsicht«, lachte Alex. Lachte ihn aus. Das erboste Franz.

»Keine Vorsicht!«, verteidigte er sich, da er Angst hatte, Alex meinte Angst, wenn er von Vorsicht sprach. »Nur denke ich an unser Vorhaben!«

Alex winkte ab. »Jetzt lass mich doch mal damit in Frieden«, sagte er. Das verschlug Franz die Sprache. »Hast schon verstanden«, setzte Alex nach. »Du sollst mich damit in Frieden lassen!«

Franz vor völlig perplex. Glaubte, von einer Dampflokomotive überrollt zu werden. Nie zuvor hatte sein Freund sich derart abweisend in Bezug auf ihren gemeinsamen Plan geäußert.

»Ich dachte …«

Aus Alex' Antlitz sprach der dringliche Wunsch, es den Belgiern heimzuzahlen.

»Wir haben hier als Soldaten Ihrer Majestät eine hoheitliche Aufgabe vor der Brust, und du kennst noch immer nichts anderes als unsere olle Versandbuchhandlung!«

»Aber …« Franz glaubte, in ein tiefes Loch zu stürzen. Nie zuvor hatte er sich einer derart unsicheren Zukunft gegenübergesehen, die sich einem mächtigen Ungeheuer gleich vor ihm erhob und ihn mit ihren Klauen zu fassen versuchte. Ein hohles Gefühl hob ihm den Magen aus.

»Jetzt kämpfen wir erst einmal und schlagen dann dem Franzacken ein Schnippchen!« Mit diesen Worten beendete Alex das Gespräch. Er nahm einen Schluck aus seiner Feldflasche, wandte sich ab und bemerkte nicht, was er bei Franz angerichtet hatte. Der glaubte plötzlich, er müsse sich auf den Oberschenkeln abstützen, um nicht umzufallen. Alex Ansprache zog ihm den Boden unter den Füßen weg. Erst die Stimme des Offizierstellvertreters riss ihn aus seiner aus den Fugen geratenen Gefühlswelt und versetzte ihn zurück in die Realität des Augenblicks.

»Männer!«, geiferte der Vorgesetzte, den Pour le Mérite schon vor Augen. »Voraus, auf der Spitze dieses Berges, liegt das Fort Barchon und wir kommen gerade rechtzeitig, um dem Sturmangriff des Regiments neuen Schwung zu verleihen. Die belgische Garnisonsmannschaft hat sich als ein Haufen sturer Tölpel erwiesen. Unseren Parlamentär haben sie verspottet und zurückgeschickt. So werden wir ihnen nun vor Augen führen, dass ein paar dahergelaufene Flamen kein Gegner für das Deutsche Reich sind! Wir greifen in Schwärmen frontal an und erstürmen die Feste. Gebt mir ein ›Hurra‹, ihr treuen Preußen!«

»Hurra!«, schlug es ihm wie aus einer Kehle entgegen. Allein Franz hatte nicht ganz so laut mitgegrölt. Er kramte seine Taschenuhr hervor, es war 11 Uhr durch.

»Unterführer übernehmen!«

Nun ging alles blitzschnell. Vor der Kulisse einschlagender Granaten, knarrender Maschinengewehre, krachender Gewehre und in allen Klangfarben schreiender Männer legten die Soldaten der 6. Kompagnie ihre Tornister ab. Unteroffiziere und Feldwebel rotteten sie zu Schwärmen zusammen. Franz, Alex und Winfried kamen unter das Kommando des Offizierstellvertreters.

»Dass ihr mir ein paar Pralinés fürs Kerbholz schießt!«, verlangte dieser und spuckte dabei Speichelfäden.

»Jawohl, Herr Feldwebel.«

Sie stürmten los. Erklommen die Steigung. Die Pioniere hatten bereits Vorarbeit geleistet, hatten den Weg freigeräumt. Konstrukte aus Brettern und aus Türblättern, die aus den umliegenden Dörfern mitgenommen worden waren, lagen als Brücke über Stacheldrahtverhauen. Leitern standen dort, wo Steilhänge aus Erde den Weg versperrten, spanische Reiter waren beiseite geschafft, manche Sperre gesprengt worden. Feldgraue hasteten die Leitern hinauf, Franz einer von ihnen. Über ihm die Stiefel eines Kameraden, in seinem Nacken der scharfe Ruf des Offizierstellvertreters, nahm er in der sengenden Augustsonne Sprosse um Sprosse, bis er die Spitze erreicht hatte. Er kroch über sie hinaus und hob den Kopf. Voraus, in erhöhter Position, lag das Fort Barchon, das, aus der Luft betrachtet, die Form eines gleichschenkligen Dreiecks innehatte. Die 6. Kompagnie rannte gegen dessen nördlichen Schenkel an. Das Fort thronte auf dem hügeligen Land, es war keinen Kilometer mehr entfernt. Teile der Brustwehren verschwanden hinter Bäumen. Abschüsse erfüllten als steter Donnerhall die Luft.

»Vorwärts, Preußen!«, befahl der Offizierstellvertreter, der seine Pistole in die Höhe riss und in Richtung des Forts zeigte. Auf den Hängen davor tummelten sich die Kompagnien des Regiments, viele tausend Mann quälten sich, zu langen Sturmkolonnen zusammengefasst, durch ein geradezu mörderisches Abwehrfeuer. Noch war all das für Franz weit entfernt, noch erkannte er die vor Barchon im Feindfeuer festgenagelten Kameraden nur als feldgraue Masse, die sich über verdorrte Wiesen schob und aufgegebene Schützengräben überwand. Noch machte er all die Toten und Verwundeten, die der Kampf bereits gefordert hatte, nur als Tupfen im Gras aus, die beim Vorstoß zurückblieben; noch sah er nicht den Fahnenträger, der mit dem Gesicht nach unten auf der Wiese ruhte und dessen Blut die Regimentsfahne besudelte. Franz vernahm zwischen dem Dröhnen von Kanonenschüssen und dem Belfern von Maschinengewehren das Spiel der Trompeter, die zum Angriff bliesen. Und er rannte, stürzte blindlings Alex, Winfried, dem Offizierstellvertreter und all den anderen nach. Sie hetzten die Hänge hoch, das Fort wuchs in Franz' Sichtfeld, bis es dieses von rechts nach links vereinnahmte. Er passierte ein Verwundetensammelnest, mehr als 40 angeschossene, blutende, wimmernde, sterbende Soldaten harrten in einer Mulde aus und tränkten das Erdreich mit ihrem Lebenssaft. Franz' Pulsschlag beschleunigte ins Unermessliche, seine Atmung ging schnell und schlagend wie der Zylinderkopf eines Verbrennungsmotors. Kopflos jagte er den Kameraden hinterher, die 6. Kompagnie überschwemmte die Hänge vor dem Fort. Die Soldaten stiegen über Tote hinweg, die achtlos auf dem Hang lagen. Franz erspähte eine aufgerissene Pickelhaube. Vereinzelt hämmerte die feindliche Artillerie in das anstürmende Regiment hinein, ein Konglomerat aus Dreck und Humus wuchs pilzartig zwischen den Feldgrauen empor. Trichter übersäten das Land. Die Schützengräben der Belgier prangten als dunkelbraune Wunden in der grünen Wiese. Der Offizierstellvertreter trieb seine Männer durch einen aufgeschnittenen Stacheldrahtverhau hindurch, dann waren sie bereits nah genug, dass Franz die einzelnen Schießscharten im Fort ausmachen konnte. Mündungsfeuer blinkte in ihnen auf, und zwischen den Deutschen tanzten die Einschläge. Männer gingen zu Boden, manch ein Getroffener schrie sich die Seele aus dem Leib.

»Weiter vor! Hurra! Hurra!«, brüllte der Offizierstellvertreter, brüllte er gegen das Dröhnen der Schlacht an.

»Hurra!«, schrien Alex und andere aus rauer Kehle, versetzten sie sich dadurch in Ekstase und verwiesen die Angst in den Hintergrund, um sehenden Auges ins Bleigewitter der Belgier hineinrasen zu können. Auch aus Franz' Magen wurde das mulmige Gefühl verdrängt, packte ihn die Dynamik des Augenblicks und ließ ihn handeln, statt zu denken und zu fühlen. Das Abwehrfeuer der Belgier wallte ihm wie ein bleierner Teppich entgegen. Der Angriffsschwung des Regiments war bereits ins Stocken geraten, ganze Kompagnien krebsten, nur wenige hundert Meter vom Fort entfernt, auf den Hängen herum; niedergehalten durch MG- und Gewehrbeschuss vermochten sich die Männer keinen Fußbreit mehr auf das Fort zu bewegen, ohne augenblicklich von den auf sie niederprasselnden Salven erfasst zu werden. Die 6. stieß ihnen nach, der frischgebackene Regimentskommandeur, Major Kurtzbach, hoffte dadurch wohl auf die entscheidende Verschiebung der Kräfteverhältnisse, um das Fort endlich zu erstürmen.

Die Ernüchterung folgte auf dem Fuße. Franz stolperte den Hang hinauf, die ausgeschütteten Stresshormone verhinderten, dass ihm bewusst wurde, wie sehr der Aufstieg an seinen Kräften zerrte. Sein Mund wurde trocken, die Zunge verschleimte. Blindlings stürzte er der feldgrauen Masse nach, vor ihm gingen Männer zu Boden. Er wusste nicht, ob sie getroffen worden waren oder Deckung suchten. Aus den Schießscharten und den um das Fort herum angelegten Gräben blitzte das Mündungsfeuer auf, die gesamte

Festung brillierte unter den Mündungsblitzen wie ein Diamant im Sonnenlicht. Teile des Forts lagen verborgen hinter weißen Wölkchen, der Pulverdampf ließ einen künstlichen Nebel entstehen. Leuchtspurgeschosse flitzten als glühende Erscheinungen umher, fuhren in Leiber ein, mähten diese nieder. Schreiende Männer hielten die eigenen Gedärme in Händen, Blut sprudelte aus dem Mund. Franz japste, rang lauthals um Sauerstoff. Nur nicht das Gewehr loslassen! Rechts und links von ihm krachten die Schlösser, als Patronen zündeten und dem Fort entgegenflogen. Die Deutschen aber hatten kaum eine Chance, die aus befestigten Stellungen heraus schießenden Belgier zu erwischen. Der Kamerad vor Franz bekam eine in die Stirn, wurde brettsteif, dass Franz meinte, alle Knochen knacken hören zu können. Dann kippte er seitlich weg wie ein abgesägter Baum.

Leichen und Verwundete türmten sich, Getroffene stürzten übereinander, bildeten regelrechte Wälle, hinter denen sich die Überlebenden zusammenkauerten.

»Hier! Hier!«, brüllte der Offizierstellvertreter, den Franz kurz aus dem Blick verloren hatte und der selbst zwischen Toten, Blutenden und in Deckung liegenden Kameraden kauerte. Franz, Alex und Winfried eilten auf ihn zu, warfen sich neben ihm ins Gras. Franz schlug sich dabei das Knie am Gewehrkolben an, ein irrer Schmerzblitz jagte durch sein Bein.

Die feindlichen MG knatterten, die eigenen Maschinengewehrmannschaften lagen bewegungsunfähig auf dem freien Feld, Kugeln schlugen um sie herum ein. Immer wieder zerbarsten dicke Koffer aus den belgischen Geschützen zwischen den Angreifern, höllenheiße Fragmente fetzten davon, schnitten durch Geäst und Fleisch. Grasnarben flogen hundert Meter in die

Höhe und klatschten unter dumpfen Lauten zurück auf die Böschung.

Einen mannhaften Kampf unter ganzen Kerlen hatte ihnen der Offizierstellvertreter am Vorabend ihres Einmarsches nach Belgien versprochen, doch Mannhaftigkeit war es nicht, die Franz auf dem Schlachtfeld um die Feste Barchon fand. Er sah in die Gesichter der unter dem feindlichen Feuer Zusammengeduckten, und fand die nackte Angst in ihnen, welche die Züge zu schrecklichen Grimassen verzerrte. Grimassen, die Franz bis an sein Lebensende verfolgen würden. Auch löste jene Angst in manchen ganz natürliche Körperreaktionen aus, so mischte sich unter den beißenden Gestank von Pulver und Feuer eine scharfe Note von Urin. Jene Angst lähmte die Glieder, machte es manchem unmöglich, sich zu rühren. Da half auch das Geplärre der Offiziere nichts mehr.

»Das ist nicht zu schaffen!«, brüllte Winfried gegen den Schlachtenlärm an und hatte wohl das Bild seines Sohnes vor Augen.

»Papperlapapp«, spuckte der Offizierstellvertreter aus. »Los doch!« Er raffte sich auf, übersprang einen Toten und überbrückte einige Meter im Sprint, ehe er sich hinter einer Bodenwelle hinwarf, als sich ein MG auf ihn einschoss. Franz schaffte nur die Hälfte der Strecke. Zu seinen Stiefelspitzen sprengten feine Fontänen auf, Erde spritzte ihm in die Augen. Einen Moment lang war er blind, so warf er sich hin, lauschte dem höllischen Wummern der Maschinenwaffen, die mit einer derartigen Kadenz feuerten, dass die einzelne Zündung der Patrone in einem gleichmäßigen Ton unterging. Die belgischen Maschinengewehre knatterten unablässig. Knattern, was hieß das schon? 450 Projektile spuckte das Rohr pro Minute, das waren mehr als sieben Kugeln die Sekunde. Ein jeder Feuerstoß, mochte er auch nur einen Wimpernschlag lang andauern, entsendete ein bleiernes Sägeblatt, und was dieses traf, das zerfetzte und zerriss unter seiner Gewalt. Menschliche Körper wurden entzweigeschnitten, die belgischen MGs wüteten grausam unter den deutschen Angreifern. Der Schütze brauchte das Rohr nur einen Zoll breit schwenken und dabei den Abzug drücken, schon drangen ein Dutzend metallene Finger in sein Ziel; in einen jungen Mann, dessen Träume im belgischen Abwehrfeuer in den Wind geschlagen wurden und dem das noch gierige Leben aus dem Leib gezerrt wurde. Er brach letztlich zusammen wie eine Marionette, deren Fäden durchtrennt worden waren. Und da lag Winfried, durchsiebt. Zwölf Kugeln hatten sich ihren Weg durch seinen Körper gebahnt, hatten Gewebe entzweigehauen, Knochen zerschlagen, Organe zerfetzt. Da lag er, und seine Urlaubspläne versickerten in roter Farbe im Gras.

Die Belgier brachten jede Waffe zum Einsatz, derer sie habhaft waren. Ein Hagelsturm aus Sprenggeschossen, abgefeuert aus den Kanonen von drei Forts, regnete auf das Regiment hernieder, belegte jeden Quadratmeter mit wüstem Beschuss, mit umhersirrenden Splittern. Hier war kein Vorankommen mehr möglich, jeder Meter musste mit zehn Toten erkauft werden, und das Regiment verfügte schlicht über nicht genügend Soldaten, um diesen Blutzoll bis zum Tor von Barchon durchzuhalten. Die Luft wurde diesig vom Pulverdampf. Der künstliche Nebel, der um das Fort herumsuppte, breitete sich über die Hänge aus. Verblutende lagen im Gras, sie erinnerten an Schläuche, die leerliefen. Franz lugte unter dem Rand seiner Pickelhaube nach vorne, sah das Fort kaum mehr, Rauchschwaden verhingen es. Darin blitzten und zuckten die belgischen Waffen.

Franz stöhnte, er hatte einen bitteren Geschmack auf der Zunge, das Atmen fiel ihm schwer. Alex fiel neben ihm ins Gras, brachte sein Gewehr vor, feuerte, ohne ein Ziel zu haben, in den Nebel hinein.

»Verfluchte Dreckskerle!«, ächzte er in seiner Ohnmacht.

Der Angriff war zwecklos, das gesamte Regiment würde vor den Toren des Forts verbluten. Die Trompeter bliesen zum Abbruch des Sturms und zum Rückzug. Der Offizierstellvertreter drehte den Kopf und zerdrückte einen Fluch auf den Lippen. Die Enttäuschung stand ihm ins Gesicht geschrieben. Doch auch er schien einzusehen, dass sie es niemals bis zu den Mauern schaffen würden. Er raffte sich auf, schnauzte Alex und Franz an, seinem Beispiel zu folgen.

Sie rannten zurück dahin, wo sie hergekommen waren. Das gesamte Regiment, erleichtert um einige hundert Soldaten, strömte in den rückwärtigen Raum zurück. Franz fiel der Rückweg leichter, immerhin ging es nun bergab. Projektile pfiffen ihm um die Ohren, er aber rannte nur noch, rannte und schlug Haken wie ein Hase, der vor dem Fuchs floh. Atemlos und mit fahrigen Bewegungen stürzte er über die Planken, die als Brücken über den Stacheldraht fungierten. Mehrere Kameraden rutschten in ihrer Hast ab, rissen sich Hände und Gesicht am rasiermesserscharfen Draht auf.

Franz gereichte abermals zu einem hirnlosen Herdentier, er trappelte den Kameraden nach, zurück zu den Leitern und diese so schnell wie möglich hinunter. Jemand stürzte die wenigen Meter in die Tiefe und knackste sich den Knöchel an. Es ging weiter zurück in den Wald, wo die Offiziere die versprengten Männer zu sammeln und zu sortieren begannen. Lautstarke Kommandos erschollen vor der Kulisse des Kanonendonners.

»Wo ist Winfried?«, fragte Alex, nachdem er sich einen Überblick über die gelichteten Reihen

der Kompagnie verschafft hatte. Franz schüttelte
nur den Kopf, ein plötzliches Gefühl wie eine
Welle, die ihn fortriss, wollte ihn übermannen.
Seine Nasenflügel zitterten, die Augen gerieten
in Bewegung. Er presste die Lippen zu einem
Bindfaden zusammen, war um Fassung bemüht.
»Scheiße«, keuchte Alex. »… sein Junge …«
Franz nickte nur. Er fiel auf den Hintern, ver-
mochte kaum mehr sein Gewehr zu halten. Eine
Maschine mit riesengroßen Schaufelarmen grub
seinen Unterleib aus.
»Wir müssen einen Brief schreiben«, bibberte
Alex.
Franz riss sich die Pickelhaube vom Kopf, sein
Haarschopf war nass und glänzte in der Sonne,
zu Kerzendochten verklebte Haarbündel hafte-
ten auf seiner Stirn.
»… müssen seiner Frau Nachricht geben …«
Alex versagte die Stimme, die emotionale Über-
wältigung stand in seinen Augen.
»… vielleicht …«, versuchte Franz neue Hoffnung zu schöpfen, sich selbst zu belügen, dann
aber brach er ab. Er wischte sich durch die ent-
zündeten Augen. Seine Finger benetzten sich
mit einer Flüssigkeit. Nein, nein, es gab kein
vielleicht. Kein *vielleicht lebt er noch*. Franz hatte ihn gesehen. Hatte Winfried gesehen. Dessen
Junge hatte nun keinen Papa mehr.
»Auf die Beine!«, verlangte die Stimme des
Offizierstellvertreters. Doch seinem Organ fehlte
der sonst übliche Schwung. Auch an ihm war
der gescheiterte Angriff nicht spurlos vorübergegangen.
»Kommt, Männer.« Das klang beinahe wie
eine Bitte. »Hoch mit euch.«
Die Kompagnie formierte sich. Knopfaugen
stachen aus dreckverkrusteten Gesichtern, die
Kriegsuniform der Männer war schmutzig, manches Knie und mancher Ellbogen aufgescheuert.
Die Einheit zählte keine hundert Seelen mehr.

Der Kompagnieführer, in dessen Arm sich ein
Splitter von der Größe einer 1-Pfennig-Münze
eingebrannt hatte, ließ sich hastig verbinden,
ehe er seinen Wallach bestieg und davonbraus-
te. Er war gute zehn Minuten fort, zehn Minuten,
in denen Franz vor sich hindämmerte, als hätte
man seinem Körper das Bewusstsein entnommen. Er schreckte erst aus einem vernebelten
Tagtraum hoch, als die Hufe eines Pferdes abermals klapperten. Der Kompagnieführer war zurück, er besprach sich nun eiligst mit den anderen Offizieren und Feldwebeln.

»Großartige Neuigkeiten«, sagte der Offizierstellvertreter und ließ seinen Blick über die Musketiere, Reservisten und Gefreiten schweifen.
»Die Artillerie bringt sich in Stellung, um das Fort
weichzuklopfen. Wir ziehen unter und halten uns
für den finalen Stoß bereit.«

Franz, Alex und die anderen Landser schlurf-
ten zu ihren Tornistern zurück und nutzten sie
als Stühle. So saßen sie zusammen im Wald,
schweigend, betäubt vor Entkräftung, Durst und
dem Zurückliegenden. Würde der Wald keine
grünen Fächer über ihnen ausbreiten, wären sie
weiterhin der brennenden Sonne ausgesetzt, sie
würden wohl verrückt werden, einer nach dem
anderen. So aber dösten sie vor sich hin,
schwankend, leise seufzend. Franz und Alex saßen einander gegenüber, doch Franz verspürte
keinerlei Ambitionen, ein Gespräch mit seinem
Freund zu beginnen. So starrte jeder für sich ins
Leere, lauschten sie den Insekten, die ihre Köpfe in reger Geschäftigkeit umflogen.

Kurze Zeit später eröffneten die 21-Zentime-
ter-Mörser das Feuer. Zwei Stunden lang sende-
ten sie ihre tödlichen Grüße zum Fort Barchon.
Es war, als schmetterten göttliche Fäuste auf
das Festungswerk ein, Minute um Minute, ohne
Unterbrechung. Die dicken Stahlbetonmauern
schüttelten sich unter dem Beschuss, bekamen

Risse, stürzten zusammen und begruben Teile der Besatzung unter sich.

Franz und Alex saßen sich die ganze Zeit über stumm gegenüber und lauschten den Paukenschlägen der Artillerie. Die Zeit verflog schneller, als es Franz lieb war. Ein scharfer Pfiff aus einer Trillerpfeife versetzte ihn in maschinenhafte Bewegungen. Er stand auf, prüfte Sturmgepäck und Waffe und trat aus dem Wald, wo er und die Kameraden abermals verschiedenen Unterführern zugeteilt wurden. Einmal mehr sollte er an der Seite des Offizierstellvertreters stürmen.

»Die Belgier sind sturmreif geschossen!«, versprach der, doch was hatten seine Versprechungen bisher für einen Wert besessen?

Franz gereichte zum Automaten, als er die Leiter erklomm. Er folgte dem Offizierstellvertreter, als wäre dieses Verhalten in ihn einprogrammiert worden. Er hetzte ihm nach, über Stacheldraht hinweg und durch verlassene Schützengräben hindurch, dem Fort entgegen. Das Feuer der Belgier war spürbar schwächer, die Festung selbst lag hinter gigantischen Staubwolken verborgen, was den Schützen die Sicht auf die Angreifer versperrte. Der Sturm verlief wie nach dem Lehrbuch, in mehreren Angriffskolonnen strebte das Regiment dem Ziel entgegen. An der rechten Flanke drangen Männer der 2. und 3. Kompagnie bereits in den Staubnebel ein. Gewehr- und Pistolenfeuer erklang, als die Deutschen sich einen Weg ins Fort bahnten. Gleichzeitig – Franz konnte dies von seiner Position aus nicht sehen – griff ein weiteres Regiment, aus Lüttich kommend, das Fort von der gegenüberliegenden Seite aus an. Die Festung Barchon war umstellt und nicht mehr zu halten.

Franz vermochte diese Lagebeurteilung aus seiner verkürzten Perspektive heraus nicht zu treffen, war er doch nur einer von Tausenden Feldgrauen, die einmal mehr gegen den Feind anrannten. Er astete schnaufend den Hang hinauf, der letzte Aufstieg steckte ihm noch in den Knochen. Jeder Atemzug glich dem lauten Luftholen nach einem ausufernden Tauchgang. Er musste über verkrümmte Tote steigen, deren Verwesung ob der Hitze bereits in vollem Gange war. Er sah aufgerissen Torsos, zertretene Gesichter; Männer, die nicht mehr zu identifizieren waren. Bis zur Unkenntlichkeit hatte sie der Krieg zerrieben und zermahlen und als blutige Fleischklumpen wieder ausgespuckt.

Bei diesem zweiten Sturm aber hielten sich die Verluste in Grenzen. Nur noch einige wenige MGs schossen in dem rauchenden Fort, nur noch eine Handvoll Gewehrschützen legte auf die Angreifer an. Aus den Tiefen der Festung klangen Schüsse und Schreie gleichermaßen, im grausigen Handgemenge nahmen Deutsche und Belgier einander das Leben.

Franz bekam davon nichts mit, er rannte nur, sprang über Stock und Stein. Seine Wahrnehmung verknappte sich auf einen schmalen Tunnel, in dessen Zentrum der Offizierstellvertreter lag. Ihm stolperte er hinterher, kopflos, ohne eigenes Ziel. Vor ihm lag das Fort, verborgen hinter Qualm und Rauch, als hätte sich eine gigantische Gewitterwolke auf den Hügel herabgesenkt. Franz warf sich neben dem Offizierstellvertreter in einen Graben. Kein einziges Projektil verirrte sich zu ihnen, doch war auch der Herr Feldwebel vorsichtiger geworden. Behutsam linste er über den Rand des Grabens hinweg. Rechts und links von ihnen wagten die ersten der Kompagnie den weiteren Vorstoß.

»Auf!«, sagte der Offizierstellvertreter, da erklang über das Schlachtfeld ein Trompetensignal. Der Herr Feldwebel hielt inne, horchte auf dessen Bedeutung. Franz kniff die Augen zusammen, und erst jetzt bemerkte er, dass die Waffen schwiegen. Geschützlärm war einzig noch in der Ferne zu vernehmen, und musste vom Kampf um die Nachbarforts herrühren.

Der Kompagnieführer lief persönlich durch die Reihen seiner Einheit und verkündete triumphierend, die Belgier im Fort Barchon haben kapituliert. Es erschien Franz unwirtlich, dass der Feuerzauber derart abrupt sein Ende gefunden hatte, dass im Augenblick niemand mehr auf ihn schoss, niemand mehr ihn zu töten versuchte. Er sank im Graben zusammen, seine Muskeln entspannten sich, die Glieder wurden ihm schwach. Er fühlte sich wie gelähmt und an den Erdengrund genagelt. Mit zitternder Hand zupfte er seine Taschenuhr hervor, es war kurz nach 16 Uhr. Die Sonne entsendete noch immer höllenheiße Strahlen auf die Wallonie hernieder. Er blinzelte in den grellen Himmelskörper hinein, spürte die brennende Hitze auf seiner Haut. Der Sonnenbrand im Nacken und auf den Wangen spannte sie, an den Ohren pellte er sich bereits.

Seine Lippen waren spröde und rissig.

Der Offizierstellvertreter ließ seine Feldflasche herumgehen, sie war mit Pfefferminz-Wermut-Likör gefüllt. Alex nahm einen großen Schluck, reichte die Flasche weiter an Franz. Der nippte daran, der Likör brannte auf seinen aufgesprungenen Lippen, und löste sogleich Magenkrämpfe in ihm aus. Er verzog den Mund und gab die Flasche ab. Der Alkohol schlug ein, ein Tropfen genügte, um seinen ausgelaugten Körper aus der Bahn zu werfen. Seine Wahrnehmung begann sich zu drehen, sein Kopf wurde schwer, ihn überkam ein Gefühl der Übelkeit. Er hielt sich am Untergrund fest, vergrub seine Hände im Erdreich und beobachtete den Kompagnieführer, der Trupps für die Versorgung der Verwundeten zusammenstellte. Die Nominierten hatten jeden im Felde Liegenden zu begutachten, die meisten aber waren tot oder nicht mehr zu retten. Ein bestialischer Gestank lag über dem Umland des Forts. Nun, wo sich der Odem des Kordits allmählich verflüchtigte, drängte sich der süße Leichengeruch in den Vordergrund, welcher den gelblichen Körpern entstieg. Er war wie ein unsichtbarer Nebel, er war allgegenwärtig, durchdrang die Überlebenden, setzte sich in ihrem Erinnerungszentrum fest. Er ließ auch Franz nicht mehr los. Es roch wie in einer Fleischerei. Jemand übergab sich. Auch Franz würgte trocken, es war ein ekelhaftes Gefühl. Ihm stiegen die Tränen in die Augen, das Zittern seiner Hände verstärkte sich.

Er wünschte sich heim. Heim in sein Elternhaus, in sein kleines Zimmerchen mit dem Plakat vom Opel Patentmotorwagen an der Wand und dem Aquarium auf dem Schreibtisch. Er hatte in seinen Jugendtagen Stichlinge und Kaulquappen in der Wurm gefangen und zu Hause gehalten. Auch Maikäfer und Zikaden hatte er in einem Glas untergebracht. Zuletzt hatte er es geschafft, aus einer Königin und einigen Arbeiterinnen eine ganze Ameisenkolonie zu züchten. Seine Mutter hatte sich stets aufgeregt über das »Viehzeugs«, das er anschleppte, doch hatte sie ihn gewähren lassen. Er erinnerte sich an den Geruch seines Zimmers – leicht muffig, sie hatten im Haus viel mit Feuchtigkeit zu kämpfen. Aus der Küche drang der Duft von Hühnerbrühe, wenn Mutter kochte. Stunden hatten er und Alex in seinem Zimmer verbracht und über ihrer Idee gebrütet. Er entsann sich, wie Alex sich über das große Glas mit den Ameisen beugte und diese für ihr maschinenartiges Treiben verspottete.

»Dumme Tiere«, lagen ihm die Worte seines Freundes noch heuer in den Ohren, als dieser die Arbeiterinnen bei ihrem geradezu sklavisch anmutenden Treiben beobachtete. Sie zerlegten einen Käfer, und trugen die Einzelteile in ihren Bau.

»Eines steht mal fest«, lächelte Alex schließlich. »Wir lassen uns nicht so herumkommandie-
ren. In unserer Gesellschaft haben nur wir das
Sagen!«
Franz wandte sich ab, rieb sich die nassen Augen und hoffte, niemand habe ihn bei seinem
Gefühlsausbruch beobachtet. Das Heimweh
wühlte sich wie eine Ratte durch seinen Magen,
setzte ihm heftig zu. Er biss die Zähne aufeinander. Fragte sich, wie lange das noch so weitergehen würde. Die Strecke von Lüttich nach Paris maß 300 Kilometer Luftlinie. Es musste bald
ein Ende haben, konnte doch nicht mehr lange
so weitergehen. Niemand konnte wollen, dass
so viele Männer starben, um die Differenzen der
europäischen Nationen zu beseitigen.

Neunter Teil

Unter klingendem Spiel zogen Teile des Regiments, darunter eine Abordnung der 6. Kompagnie, in das Fort Barchon ein. Die große Trom-
mel polterte, die Basstuba brummelte, das Glo-
ckenspiel klimperte, dazu klangen Trompeten
und Klarinetten. Die Musikkapelle des Lützow-
Regiments intonierte *Preußens Gloria*, jenes Ho-
helied aus der Zeit der Kaiserproklamation ließ
die Brust der einmarschierenden Soldaten
schwellen, erinnerte sie an ihre Herkunft als stolze Preußen und Deutsche und ließ sie die zurückliegenden Schrecken zumindest für den Augenblick vergessen.
Die Militärmusik durchdrang auch Franz, berührte sein patriotisches Herz, dass sich sein
Leib ganz automatisch straffte und er erhobenen
Hauptes durch das unter dem Beschuss der
Mörser in Mitleidenschaft gezogene Steintor des
Forts marschierte. Vom Bogen abgeplatzter Be-

ton war beiseite geräumt, der Weg freigemacht worden. Alex marschierte neben Franz; das Gewehr geschultert, der Blick geradeaus, durchmaßen sie das breite Tor und betraten den Innenhof des Forts. Kompagnieabordnung um Kompagnieabordnung nahm Aufstellung im Karree.

Franz beäugte verstohlen das Innere des Forts, ohne den Kopf zu bewegen. Er sah zerschlagene Panzerkuppeln, der Hof war mit Sprengkratern übersät. Bäume waren entwurzelt und umgekippt. Mauern und Unterstände sahen aus, als hätte sich ein Abrissunternehmen an ihnen zu schaffen gemacht und mittendrin die Arbeit eingestellt.

Die Abordnung der 6. Kompagnie passierte den glatzköpfigen Major Kurtzbach, der zackig salutierte. Neben ihm stand ein reichlich zerknitterter belgischer Offizier, seinen Degen hatte er behalten dürfen. Mit bewegter Miene wohnte er dem Einmarsch deutscher Truppen in sein Fort bei.

»Kameraden«, begann Kurtzbach mit bedeutungsschwerer Stimme seine Ansprache. »Sie haben heute Großes geleistet! Mit Barchon ist das erste Fort aus dem Ring um Lüttich gefallen, nun ist es nur noch eine Frage von Tagen, dann steht uns der Weg nach Frankreich offen.«

Die Rede des Majors, ein Wust aus Worthülsen und Phrasen, der die fast vierhundert vor den Mauern des Forts gefallenen Soldaten vergessen machen sollte, prasselte auf Franz ein, und verhallte noch, ehe er sein Bewusstsein erreichte. Die Kameraden dort draußen auf den Hängen waren nicht gestorben, sie waren verreckt wie zertrampeltes Gewürm, waren leidvoll zugrunde gegangen; erstickt am eigenen Blut, das langsam die Lunge füllte oder ausgelaufen wie ein umgekippter Eimer Wasser, hatten ihnen Dutzende Kugeltreffer das junge Leben aus den Gliedern gefegt, hatten ihnen Splitter die Hände abgesäbelt und die Bauchdecke aufgeschnitten, war der Stahl des Bajonetts in ihren Brustkorb eingefahren und hatte die dahinterliegenden Organe durchstochen. Sie waren krepiert wie Tiere, *Preußens Gloria* vermochte über diesen Umstand letztlich nicht hinwegzutäuschen. Franz fragte sich, was das Kind Winfrieds davon hatte, dass über Lüttich bald die Fahne des Reichs wehen würde. War dies Trost genug für den Tod des eigenen Vaters, für diesen unbeschreiblichen Verlust, der den Jungen sein ganzes Leben lang verfolgen würde? Nicht nur als junger Knabe würde er ihn vermissen, auch später, wenn er den Mädels nachstellte, würde er niemanden haben, den er um Rat würde bitten können. Franz musste schlucken bei diesem Gedanken.

Und was lag noch vor ihm selbst? *Lüttich!* 35 Kilometer maß die Strecke von der deutschen Grenze bis zu dieser Stadt an der Maas. Der Weg nach Paris aber war noch weit – und wer versicherte, dass der Franzose nach dem Fall seiner Hauptstadt Schluss machen würde? Möglicherweise würden die deutschen Truppen bis nach Vichy, bis ans Mittelmeer vordringen müssen. Und möglicherweise würde jeder Meter dieser Wegstrecke mit der gleichen tödlichen Verbissenheit verteidigt werden, mit der die Belgier um ihr Land kämpften. Oh, Franz wurde wütend über diese Gedanken, unsagbar wütend. Er hörte die Worte des Majors überhaupt nicht mehr, sondern erging sich in inneren Hasstiraden gegen die Belgier, die sich als derart stur erwiesen hatten, statt rationale Logik walten zu lassen. Seine Wut richtete sich gegen Frankreich, das den Krieg seiner Meinung nach doch herbeigesehnt hatte. Seine Wut richtete sich gegen all die anderen Nationen, die Engländer, die Russen, die sich gegen seine Heimat gestellt hatten. Nach wie vor war er überzeugt, sie niederringen

zu müssen, Deutschland verteidigen zu müssen,
doch war ihm nun doch bewusst, was sich hinter
diesen Phrasen verbarg: welche Unaussprech-
lichkeiten, unwürdig jeder modernen Zivilisation
Europas.

Hatte es wirklich keine Hoffnung mehr gegeben, die internationalen Differenzen auf dem
Gesprächsweg zu lösen? Auf die Wut folgte die
Trauer, die eine große Leere in Franz' Brust entstehen ließ.

»So baue ich auf Sie auf diesem weiteren
Feldzug. Für Kaiser und Vaterland!«, schloss
der Major. Die einzelnen Einheitsführer melde-
ten nacheinander ihre Kompagnien ab und marschierten aus dem Fort aus. Abermals schmetterte die Kapelle Marschmusik.

Später in der Nacht war die 6. Kompagnie in
einem Wald untergezogen. Franz und Alex waren um den Wachdienst herumgekommen, so lagen sie nebeneinander, auf Laub gebettet, und
hofften, einige Stunden Schlaf finden zu können.
Sie blickten schweigend hinauf ins Firmament,
in dem Sterne wie entfernte Laternen funkelten.
Zwar hatte sich eine überwältigende Müdigkeit
Franz bemächtigt, doch vermochte er doch nicht
einzuschlafen. Sobald er die Augen schloss,
wurde das durchlebte Massaker lebendig, litt er
mit jenen, die er hatte sterben sehen. Alex
schien es ähnlich zu gehen, er war zuletzt ruhig
geworden, seine trüben Augen stocherten ohne
Fokus im Nachthimmel.

»Unsere Zielgruppe wird sich stark vergrö-
ßern, wenn wir Frankreich erst deutsch gemacht
haben«, meinte er wie aus dem Nichts. Franz
blickte ihn erst verwundert an, forschte einen
Augenblick lang im Gesicht seines Freundes,
dann erhellte sich seine Miene und er strahlte
bis über beide Ohren. Sein Freund hatte das ge-
meinsame Vorhaben also doch noch nicht vergessen!

»Glaubst du, das wird lange dauern?«, sinnierte Alex weiter. »Ich meine, unsere Sprache erlernt sich nicht von heute auf morgen. Dennoch sehe ich da großes Potenzial.«
Franz nickte eifrig.
»Spätestens die jetzt heranwachsende Generation wird nichts als Deutsch kennen, was für uns großes Wachstumspotenzial birgt.«
»Ja, da hast du recht, mein Kompagnon.«
Franz und Alex grienten einander an.
»1915«, sagte Alex hintergründig. »1915. Das wird unser erstes Geschäftsjahr.«
»Ja.«
»Obwohl … es ist schon ein weiter Weg bis nach Paris.«
»Du glaubst, es könnte länger dauern?«
»Weiß nicht.« Alex steckte sich eine Zigarette an und reichte sie Franz. Dem quoll die Dankbarkeit aus den Augen. Gierig nuckelte er daran, genoss er den warmen Rauch, der in seine Lunge Einzug hielt.
»Dann halt 1916«, entschied Franz trotzig.
»Ja, das wollen wir machen … 1916 …«
Die beiden blickten einander an und besiegelten ihren Pakt per Handschlag.

Zehnter Teil

Einige Tage waren ins Land gezogen. Alex und Franz drückten ihren Körper gegen den trockenen Lehmboden. Rechts und links von ihnen lagen ihre Kameraden, sie bildeten eine lange Reihe von Soldaten am Rande des Ackers. Die Männer waren verschmutzt und stanken, seit Kriegsbeginn war ihnen keine Gelegenheit gegeben worden, ihre Toilette abzuhalten. Alex stemmte seinen Oberleib hoch, versuchte einen Blick auf die nur wenige hundert Meter entfernt liegenden Belgier zu erhaschen. Allein der Acker trennte sie von ihnen, die Deutschen von den Belgiern. Droben pufften die belgischen Mauser-Gewehre, feine Pulverwölkchen stiegen zwischen den Möbelstücken und Karren auf, die der Feind für eine provisorische Stellung zusammengetragen hatte. Tschakos ragten hier und da über die hölzerne Barrikade hinaus. Alex hörte, wie die Kugeln der Belgier über ihm hinwegsurrten. Es war, als würden Fliegen mit hoher Geschwindigkeit vorbeifliegen. Ein dumpfer Laut erklang, als sich eine blaue Bohne in seiner Nähe ins Erdreich bohrte. Dreckpartikel spritzten auf.

»Bleibst du wohl unten!«, zischelte Franz und packte seinen Freund am Arm. Alex zog den Kopf ein, vereinzelt flitzten Kugeln über ihn hinweg. »Ohne dich kann ich unser Gewerbe vergessen!«

»Na, danke auch!«, beschwerte sich Alex im Scherz. Die beiden Freunde grinsten einander an, verkniffen. So richtig zum Schäkern war ihnen nicht zumute, die zurückliegenden Tage, das Erlebte, das Gesehene, hatte ihnen einen guten Teil ihrer Lebensfreude und Unbeschwertheit geraubt. Sie waren nun endgültig keine Kinder mehr … und wünschten sich diesen Status insgeheim zurück. Beide hofften für sich, das Schlimmste bereits hinter sich zu haben.

»Vermaledeite Belgier!«, fluchte Alex und wurde wütend. »Sind im Unrecht und wollen uns doch totschießen!«.

»Kompagnie! Fertigmachen zum Angriff!«, schnarrte die Stimme des Offizierstellvertreters über die im Graben kauernden Soldaten hinweg. In einiger Distanz brandete der Schrei desjenigen armen Teufels auf und ab, den es schon auf dem Anmarsch erwischt hatte. Alex prüfte sein Gewehr, Franz spielte mit einem Grashalm, der aus dem Erdreich ragte.

»Pass auf dich auf«, wisperte Alex, doch seine
Worte, zu leise gesprochen, wurden vom Wind
fortgetragen. Von seiner gebräunten Haut ging
ein verbrannter Geruch aus.

»Sprung auf! Marsch, Marsch!«, erscholl das
Kommando des Offizierstellvertreters. Die Männer erhoben sich, natürlich auch Alex und Franz.
Das Sturmgepäck drückte unangenehm gegen
die Seiten, die Füße waren wundgescheuert in
den Stiefeln. Der Offizierstellvertreter, die Parabellumpistole schwingend, setzte sich an die
Spitze der Kompagnie, die in Schützenschwär-
men den Angriff probte.

»Zum Sturm vor!«, trieb er die Männer an, die
über den Acker schritten, den Belgiern entgegen. Alex sah die Sperre aus hölzernem Unrat,
aus hastig zusammengeschobenen Kutschen
und Wagen. Sah die Mündungsfeuer in ihr auf-
blitzen, sah die antiquierten Hüte der Belgier, die
gehetzt von rechts nach links und links nach
rechts flitzten. Hörte ihre Rufe, ihr Flämisch.
Auch Wortfetzen auf Deutsch waren dabei. Der
Wind trug es an sein Ohr. Es pfiff um ihn herum.
Er bewegte sich direkt auf einen Strohballen zu,
der auf dem Feld zurückgelassen worden war
und nun das Niemandsland zwischen Belgiern
und Deutschen beherrschte.

»Nicht rennen!«, herrschte der Offizierstellvertreter besonders Voreilige an, trieb sie auf diese
Weise zurück in die Formation der Kompagnie.

»Spart eure Kräfte für den Bajonettstoß!«

80 Mann marschierten, Schulter an Schulter,
im schnellen Schritt auf die Barrikade zu, sie bildeten eine lange Linie längs über den Acker. Die
Belgier feuerten ihre Gewehre auf sie ab. Ein
Mann unweit von Alex brach stöhnend zusammen. Kurz darauf bekam ein anderer eine ins
Brustbein. Er straffte sich, fiel um und blieb reglos liegen.

Schritt um Schritt näherten sich die deutschen Soldaten den Belgiern, diesem Feind, mit dem sie viele Dekaden lang friedlich zusammengelebt hatten. Alex duckte sich schreckhaft zusammen, jedes Mal, wenn er das Sirren und Zischeln von Projektilen vernahm, die ihn nur knapp verfehlten. Er spürte den heißen Atem einer Kugel am Ohr. Sein Herzschlag nahm an Geschwindigkeit auf, pumpte ungestüm. Sein Blick verengte sich, er sah nichts mehr als die Belgier voraus, sein Ziel, diese Menschen, die er töten musste.

Die ersten Kameraden feuerten ihre Gewehre im Gehen ab. Knallend schlugen die Kugeln droben in der Holzbarrikade ein, rissen Splitter aus Karren und Möbelstücken. Feine Staubwolken bildeten sich. Alex drückte sich das Gewehr gegen die Schulter, zielte, was in der Bewegung kaum möglich war, und drückte ab. Der Kolben übertrug den Rückstoß auf seinen Oberleib, der Pulverdampf des Abschusses umwehte seine Nase. Er konnte nicht sehen, ob und was er getroffen hatte. Er und Franz hatten den Strohballen beinahe erreicht. Er repetierte, die Hülse sprang aus dem Gewehr. Franz gab auch einen Schuss ab, geriet dabei ins Straucheln. Der Qualm legte sich wie ein Film auf seine Zähne.

»Weiter vor, Männer!«, verlangte der Offizierstellvertreter. Geiferte er. Die Tonalität seiner Stimme verriet, dass der Blutdurst ihn antrieb; der Hass auf die Belgier drüben hinter der hölzernen Sperre.

Kugeln zwitscherten Alex um die Ohren, vereinzelt nur, denn es waren nicht viele Belgier, die an dieser Stelle so verzweifelt die deutsche Übermacht abzuwehren versuchten. Er vernahm das Atmen seines Freundes und künftigen Geschäftspartners neben sich, vernahm die Stiefeltritte von 80 Mann, die den trockenen Acker eindrückten. Vor seinen Füßen stieg eine kleine

Fontäne aus dem Grund, als ein Projektil dort einschlug. Er, Franz und die Kameraden passierten den Strohballen, der von Geschossen durchschlagen wurde.

Alex spürte einen Luftzug am Hals. Er meinte, ein Fluginsekt habe sich dort niedergelassen und krabble auf seiner Haut herum. Er nahm die Linke vom Gewehr, rieb über die Stelle. Betrachtete seine Hand. Sie war über und über mit dunklem, glänzenden Blut besudelt. Der Schock traf ihn wie der Blitz.

»Franz!«, schrie er todesängstig. Panisch. Sein Freund sah nach ihm, erschrak. Die Gesichtsfarbe wechselte auf aschfahl.

»Alex«, versetzte er und war mit einem Satz bei ihm. Die Kompagnie schritt weiter, ließ die beiden zurück. Gewehrschüsse hallten über den Acker. Alex spürte, wie ein dicker Blutschwall druckvoll aus seinem Hals sprudelte, sah den langen roten Faden davonfliegen. Sein Blick begann zu pulsieren. Er sah Franz, der sich mit zittrigen Fingern das weiße Stofftaschentuch aus der Uniformtasche zupfte.

»Da!«, sagte er, formte einen Ballen aus dem Tuch. »Drück!« Und drückte es doch selbst auf die Wunde. Alex wurde schwindelig, seine Beine verwandelten sich in Pudding. Das Taschentuch färbte sich binnen Sekunden blutrot, der Lebenssaft quoll darunter hervor.

»In der Reihe bleiben! Ihr da!«, rief der Offizierstellvertreter. Der Ausruf hörte sich für Alex ganz weit weg an, als rufe der Mann vom anderen Ufer eines breiten Flusses aus herüber. Er erblickte den Vorgesetzten plötzlich vor sich, hörte ihn sagen: »Da rüber mit ihm! Hinter den Ballen!«

Franz ergriff Alex am Arm, führte ihn behutsam zum Ballen, setzte ihn dahinter ab, sodass er mit dem Rücken gegen das Stroh lehnte. Noch immer presste er das Tuch auf die Wunde.

»Lass ihn da!«, forderte der Offizierstellvertreter.

»Er wird verbluten!«, protestierte Franz, die hellen Tränen der Empörung schossen ihm in die Augen. Empörung darüber, dass es Alex erwischt hatte. Von einer Million deutscher Soldaten ausgerechnet Alex!

»Ja, hörst du nicht?«, tobte der Offizierstellvertreter und fügte hinzu, als er Franz' tiefer Betroffenheit gewahr wurde: »Ich lasse den Feldscher nach ihm schicken. Komm jetzt, Jungchen!«

Alex nahm nicht bewusst wahr, was um ihn herum geschah. Es war, als wäre er durch eine dicke Daunendecke von der Welt getrennt. Der Lärm des Kampfes, das Aufbrüllen der Bajonettierten, als die Kameraden in die belgischen Stellungen einbrachen, wurde nur noch als Ahnung von Geräuschen an ihn herangetragen; als ein Hauchen im Wind.

»Da!«, sagte Franz ganz neben sich und übte noch einmal mehr Druck auf die Wunde aus. Das Tuch und seine Hand badeten im Blut. »Du musst pressen!« Er erfasste die linke Hand von Alex, erschrak ob der eisigen Kälte, die diese ergriffen hatte, führte sie dann an die Wunde heran, legte sie auf das bluttriefende Tuch und übte mit seiner Hand Druck auf sie aus. Alex' spürten diesen Druck kaum mehr.

»Pressen musst du!«, schrie Franz. Seine Pupillen flatterten. »Hast du verstanden, Kompagnon?«

Alex nickte geistesabwesend.

»Los doch!«, drängte der Offizierstellvertreter und stürmte los. Franz fasste sein Gewehr nach, schickte sich an, ihm nachzulaufen. Einmal noch blieb er stehen. Alex vermochte es, den Blick zu heben. Seine Hand ruhte auf dem Tuch, doch fehlte ihm die Kraft, echten Druck auszuüben. Blut sprudelte darunter hervor wie aus einem

Springbrunnen. Alex' und Franz' Blicke trafen einander. Es fühlte sich an wie ein Abschied.
»Ich bin gleich wieder da. Halt durch! Und drück auf die Wunde, Herrgottszeiten!«
»Ist nicht so schlimm«, sagte Alex und rang sich ein kraftloses Lächeln ab. »Hat schon aufgehört zu saften.«
»Halte durch!«
Franz' Mundwinkel zitterten, dann verschwand er aus Alex' Sichtfeld, jagte der Kompagnie nach, die die Belgier im grausigen Nahkampf niederrang. Kalter Stahl schnitt durch erhitzte Leiber und presste gurgelnde Laute aus den tödlich Verwundeten hervor.
Alex war müde. Musste sich dringend ausruhen. Er atmete schnell, stoßweise. Hyperventilierte. Seine Hand rutschte von der Wunde. Der Kopf wurde ihm schwer.

Jesus! Maria! Joseph!

Ein Kriegsdienst ist das Leben der Menschen!

Zum christlich-frommen Andenken an den wohlachtbaren Herrn
Alexander Heinrich Winghausen,
welcher am 10. August 1914 im 21. Jahr seines Lebens in der Schlacht zu Lüttich bei Fléron den Heldentod für Kaiser und Vaterland gestorben ist. Als Musketier folgte er am 4. August dem Rufe des Vaterlandes zur Verteidigung desselben gegen den ungerechten Angriff seiner verbündeten Feinde und verließ, gestärkt durch den erbaulichen Empfang der heiligen Sakramente, die teure Heimat, welche er nicht mehr wiedersehen sollte. Unsere Gebete gelten ihm.

Nachbetrachtungen

Der damalige Chef des Großen Generalstabs
des Deutschen Kaiserreichs, General Helmuth
Johannes Ludwig von Moltke, sah durch den
Umstand, dass die Niederlande aus dem dro-
henden Krieg gegen Frankreich herausgehalten
werden sollten, die unbedingte Notwendigkeit,
die an der Maas liegende Stadt Lüttich einzu-
nehmen, um über diesen logistischen Knoten-
punkt den deutschen Nachschub nach Frankreich hinein abzuwickeln. Lüttich war damals
von einem Festungsring, bestehend aus zwölf
Forts, umgeben, die nicht wenige Zeitgenössen
als uneinnehmbar einschätzten. Die deutsche
Seite plante dennoch einen handstreichartigen
Überfall, um die Festungen rasch in die Hand zu
bekommen. Belgiens König, Albert I., beauftrag-
te General Gérard Leman mit der Verteidigung
der bedeutsamen Stadt an der Maas.
Deutsche Truppen besetzten am 2. August Lu-
xemburg, noch am selben Tag wurde Belgien
aufgefordert, den Durchmarsch der kaiserlichen
Streitkräfte zu gestatten. In jedem Fall wollte der
Große Generalstab einem möglichen Marsch
französischer Truppen durch belgisches Territorium zuvorkommen. Belgien verweigerte die Er-
laubnis.
Am 4. August 1914 überschritten deutsche
Truppen die Grenze nach Belgien, nachdem
Brüssel durch den deutschen Botschafter über
die Absicht des Kaisers in Kenntnis gesetzt worden war. Die Stadt selbst fiel nach wenigen Tagen in deutsche Hände, um die Forts aber wurde weiterhin erbittert gerungen. Das Fort Loncin
hielt allen Erstürmungsversuchen bis zum 15.
August stand, dann allerdings brachte die deutsche Seite die »Dicke Bertha« (42-Zentimeter-
Mörsergeschütz) zum Einsatz. Ein Volltreffer ins
Munitionslager von Loncin besiegelte die Erobe-

rung des Festungsrings von Lüttich durch die deutschen Streitkräfte. General Leman geriet schwer verwundet in Gefangenschaft.
Die in diesem Buch beschriebenen Ereignisse sind der Regimentshistorie des 1. Rheinischen Lützow-Regiments Nr. 25 entnommen.

ENDE

Eine Veröffentlichung der EK-2 Publishing GmbH

Friedensstraße 12
47228 Duisburg
Registergericht: Duisburg
Handelsregisternummer: HRB 30321
Geschäftsführerin: Monika Münstermann

E-Mail: info@ek2-publishing.com
Website: www.ek2-publishing.com

Titelbild: Germancreative
Autor: H. Möllmann
Umschlaggestaltung: Jill Marc Münstermann
Lektorat & Buchsatz: Jill Marc Münstermann

3. Auflage, Februar 2022

ISBN Print: 978-3-96403-111-2
ISBN E-Book: 978-3-96403-112-9

Druckhinweis:

Libri Plureos GmbH

Friedensallee 273

22763 Hamburg

Entdecken Sie EK-2 Militär!

Verpassen Sie keinesfalls unsere aktuellen Bestseller und berüchtigten Klassiker.

mperium Germanicum – Band 1
Von Hermann Weinhauer

Zusammen mit einem kleinen Kreis von Verschwörern entmachtet ein Feldmarschall die NS-Regierung und setzt eine militärische Elite ein, um den Verlauf des Krieges zu wenden.

Landser im Weltkrieg – Band 1
Von Hermann Weinhauer

Die wenigen deutschen Divisionen müssen sich einem an Material und Me[...]